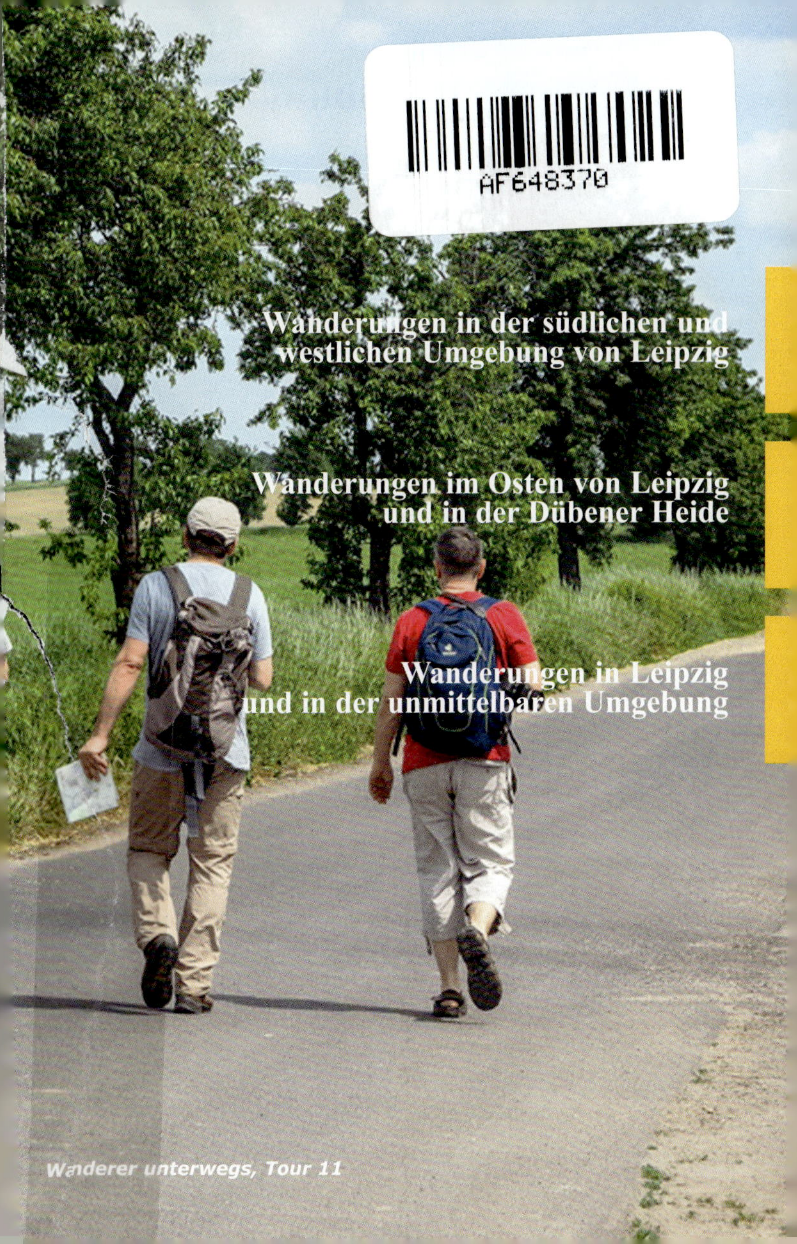

Wanderer unterwegs, Tour 11

Leipzig und Umgebung

Dieses OutdoorHandbuch wurde konzipiert und redaktionell erstellt vom:

Conrad Stein Verlag GmbH
Kiefernstr. 6, 59514 Welver
☏ 023 84/96 39 12
info@conrad-stein-verlag.de
www.conrad-stein-verlag.de
www.facebook.com/outdoorverlag
www.instagram.com/outdoorverlag

Druckprodukt mit finanziellem Klimabeitrag
ClimatePartner.com/53106-2401-1012

Als Outdoor-Verlag sind uns der Schutz und die Erhaltung der Natur seit jeher ein besonderes Anliegen. Auch in Sachen Klimaschutz haben wir eine Vorreiterrolle inne: Wir sind der einzige Buchverlag in Deutschland, der bereits seit 2008 seine Bücher konsequent klimaneutral in Deutschland produzieren und transportieren lässt. Dabei wird nicht nur klimaneutral, sondern auch nachhaltig, d. h. so umweltschonend wie möglich produziert, z. B. durch die Auswahl von umweltfreundlichen Materialien. Die bei der Produktion der Bücher entstandenen CO_2-Emissionen werden durch die Unterstützung von zertifizierten Klimaschutzprojekten ausgeglichen. Jedes Buch wird daher mit dem Logo „klimaneutral" und einer ClimatePartner-Zertifikatsnummer versehen. Mithilfe dieser Nummer können Sie unter www.climatepartner.com Informationen zu der eingesparten CO_2-Menge und dem Projekt finden, das mit der Abgabe gefördert wird.

Das Engagement des Conrad Stein Verlags wurde im Rahmen des Projekts „Kmaneutraler Buchverlag" mit dem Westenergie Klimaschutzpreis 2022 ausgezeichnet.

OutdoorHandbuch Band 389

ISBN 978-3-86686-794-9 2., überarbeitete Auflage 2024

Text und Fotos: Thomas Nitschke
Karten: Manuela Dastig und Dieter Großelohmann
Lektorat: Ricarda Kuschma
Layout: Alexandra Sauerland

Gesamtherstellung: AZ Druck und Datentechnik GmbH, Kempten

Dieses OutdoorHandbuch hat 160 Seiten mit 52 farbigen Abbildungen sowie 23 farbigen Kartenskizzen im Maßstab 1:50.000/100.000, 22 farbigen Höhenprofilen und einer farbigen, ausklappbaren Übersichtskarte.

Autor und Verlag freuen sich über Ihr Feedback. Schreiben Sie Ihre Tipps und Verbesserungen an info@conrad-stein-verlag.de oder nutzen Sie unsere Social-Media-Kanäle. Bitte nennen Sie dabei Titel, Auflage und Seitennummer.

Dieses Buch ist im Buchhandel und in Ausrüstungsläden erhältlich und kann im Internet oder direkt beim Verlag bestellt werden.

Titelfoto: Die Wehrkirche in Beucha, Tour 9

Inhalt

Das Meer in Sachsen

Auf sicherem Grund bewege ich mich,
der Wind streift über die Felder.
Blätter wogen über flach, tiefgrünes Land –
weit unter der Zeit lauerten einst eherne Ungeheuer,
ein Dichter in Agonie verfiel, der heute noch bekannt.
(Bea Nielsen und Thomas Nitschke)

Leipzig, die Stadt, die dem Schriftsteller Wolfgang Hilbig zufolge im „Meer von Sachsen" liegt und die im letzten Jahrhundert unter dem von Bitterfeld bis Meuselwitz bei Altenburg reichenden Abbau von Braunkohle litt, verwandelte sich während der letzten drei Jahrzehnte in eine lebenswerte Stadt.

Hier gibt es gefühlt über einhundert Teiche und Seen und tatsächlich mehr Flüsse, Bäche und Brücken als zum Beispiel in Venedig. Leipzig ist, da das Neuseenland die Stadt umgibt, eine Wasserstadt. Es ist aber auch eine Messe-, Buch- und Bürgerstadt und eine Stadt des Sports.

Diese Eigenschaften waren mir, den einst das Studium der Geschichte und Ethik und die Liebe zu einer Leipzigerin in die Universitätsstadt lockten, bekannt. Die Wanderungen lehrten mich jedoch, dass die Stadt nicht nur von gefluteten ehemaligen Braunkohletagebauen, sondern auch von einer kulturgeschichtlich bedeutsamen und sehenswerten Landschaft umgeben ist. Diese ist frei von hohen Bergen und weitet den Blick. Sie ist gesegnet mit im Frühsommer malerisch gefärbten Feldern, mit dunklen, dichten Wäldern, mit Wiesen, mit Hängen und mit grünen Auen. Da liegt zum Beispiel im Süden von Leipzig das Tal der Weißen Elster. Hier ragen mächtige Burgen empor, hier stehen kleine, vergessene Kirchen, während es in der östlich und nördlich der Stadt liegenden Ebene verträumte Dörfer gibt, die prächtig sanierte Vierseitenhöfe bergen. Im Südwesten der Stadt, am Ufer der Saale und der Unstrut, schweben dionysisch rauschhaft Weinberge über den Tälern. Auch fallen hier und in der gesamten Umgebung von Leipzig mit Gras bedeckte Hügel sanft ab.

Außerhalb der Ortschaften, da wo einsame und verwunschene Pfade den Wanderinnen und Wanderern eine Ahnung des Vergangenen schenken, führen Wege durch dunkle Wälder, zumeist aber führen sie über weites, flaches Land, um schließlich vor pittoresken Häusern mit schiefen Fensterläden zu enden. Gedeckt sind die Häuser mit roten und schwarzen Dächern und beladen mit den

Geschichten aus der Vergangenheit. Und ebenso offenbaren innerhalb der Stadtgrenzen von Leipzig einhundert Jahre alte Volksparks, im Verborgenen stehende Pyramiden, vor dem Abriss bewahrte Schlösser und Herrengüter und durch den Auenwald fließende Gräben und Bäche die eindrucksvolle Geschichte der Stadt und den gegenwärtigen, natürlichen Charme.

Leipzig, die Stadt, in der sich am 9. Oktober 1989 über siebzigtausend Menschen von den Gewaltandrohungen der damals allmächtig herrschenden Partei nicht einschüchtern ließen und den freien, aufrechten Gang wagten, ist jedoch auch eine Stadt der Musik, Malerei und Dichtung. Als ein aufgeschlossener und mit wachem Blick seine Umgebung wahrnehmender Mensch wünsche ich Ihnen bei Ihren Wanderungen viele unerwartet schöne, positive und unvergessliche Erlebnisse, Begegnungen und Entdeckungen. In Leipzig und in die Umgebung der Stadt verliebte ich mich zwar nicht auf den ersten Blick, aber der zweite erwies sich als ebenso schön, auch währt er bis heute.

Danksagung

Mein besonderer Dank gilt Franka, Katrin, Holger, Ronald und Uwe. Bedanken möchte ich mich auch bei den Mitgliedern des „Rübezahl-Kreises“ Sylke, Dietlind, Kirsten, Ilka, Uli, Sigrid, Urte, Friederike, Stephan, Alex, Ralf, Markus, Marco und bei den Kindern Julia, Mathilda, Momo, Lena, Clara, Fine, Mike, Wolf, Annika und Cosima. Mein Dank gilt ebenso Franziska, Bea, Katrin, Birgit, Ines, Klaus und Andreas. Bedanken möchte ich mich auch bei den vierbeinigen Freunden Maggi, Juri, Chaplin und Jule.

☺ Eine **Übersichtskarte** des Weges, **Autorenprofil** sowie eine Liste aller verwendeten **Symbole** in diesem Buch finden Sie auf den vorderen und hinteren Umschlagseiten bzw. -klappen.

Reise-Infos

Anreise

Leipzig ist mit Auto, Bahn und Bus gut zu erreichen.

Auto

Die Messestadt lag im Mittelalter am Schnittpunkt der Handels- und Pilgerwege Via Regia und Via Imperii. Heute ist Leipzig eine moderne Großstadt und wird von den Autobahnen A9, A14 und A38 umschlossen. Durch die Stadt führen zudem die Bundesstraßen B2 und B6.

Zug

Der 1915 eröffnete und im Stadtzentrum liegende Hauptbahnhof ist Knotenpunkt der Züge Mitteldeutschlands und des Regionalverkehrs. Mit den ICE-, IC-, EC-, CityNightLine-Zügen und DB-Nachtzügen bestehen auch im Fernverkehr gute und schnelle Verbindungen. Der 2013 fertiggestellte City-Tunnel ermöglicht unmittelbare und schnelle Verbindungen in die benachbarten sächsischen und anhaltinischen Regionen und Naherholungsgebiete.

www.bahn.de

Bus

Deutschlandweit agierende Fernbuslinien fahren über zahlreiche Strecken regelmäßig nach Leipzig.

www.flixbus.de/fernbus/Leipzig

Standorte und Unterkünfte

Leipzig, das durch eine moderne Infrastruktur gut erreichbar ist, heißt jeden willkommen! Schnüren Sie die Wanderschuhe! Entdecken Sie den Zauber der Langsamkeit! Wandern Sie mit dem Rucksack auf dem Rücken durch die Stadt, durch Wälder und über Felder und in die Dörfer und Orte der Umgebung! Lernen Sie die Leipzigerinnen und Leipziger und die in der Region lebenden Menschen kennen und besuchen Sie – nach einer Wanderung – die im Buch beschriebenen Gaststätten.

Einen guten Überblick bieten die Webpräsenzen der entsprechenden Tourist-Infos und der Tourismusverbände. Hier eine Auswahl:

- www.leipzig.de
- www.landkreisleipzig.de
- www.leipzigseen.de
- www.muldental-ausflugsziele.de
- www.naturpark-saale-unstrut.de
- www.tourismusverein-borna-kohrenerland.de

Verkehrsmittel

Alle im Buch beschriebenen Touren sind mit öffentlichen Verkehrsmitteln erreichbar.

Straßenbahn und Busse

Die Leipziger Verkehrsbetriebe betreiben ein modernes, gut ausgebautes und aus zahlreichen Straßenbahn- und Buslinien bestehendes Netz. Mit den Straßenbahnlinien 1-16 gelangen Sie vom Stadtzentrum in alle Stadtteile und wieder zurück. Die Stadtbusse 60-91 fahren Sie in alle Stadtteile. Die dreistelligen Regionalbusse verbinden Sie zudem mit dem Umland. Fahrpläne und Informationen finden Sie unter https://www.l.de/verkehrsbetriebe/.

Klima und Reisezeiten

Die Stadt Leipzig und die umliegende Region eignet sich zu jeder Jahreszeit zum Wandern. Besonders eindrucksvoll ist jedoch der Frühling und der Frühsommer, da zu diesen Zeiten im Auenwald nicht nur der Bärlauch blüht, auch leuchten die Raps- und Mohnfelder dann mit kräftigen Farben. Das Saale-Unstrut-Gebiet und das Tal der Weißen Elster sind vor allem im Spätsommer und im Herbst eine Wanderung wert, da zu dieser Zeit der erste Wein der Saison getrunken wird.

Karten und GPS

Karten sind überall im Handel erhältlich. Empfehlenswert sind die Wanderkarten der Kompass Karten GmbH und die Kartenreihe „Schöne Heimat" des Dr. Barthel Verlags.

- Kompass-Kartenset 457; 1:50.000 (Erfurt, Weimar, Gera, Halle (Saale), Saale-Unstrut-Region)
- Kompass-Kartenset 459; 1:50.000 (Leipzig und Umgebung, Nordsachsen, NP Dübener Heide)
- Kompass-Karte 818; 1:50.000 (Leipziger Neuseenland)

Die folgenden Dr.-Barthel-Karten haben alle den Maßstab 1:50.000:

- Nr. 029 (Nordraum Leipzig)
- Nr. 031 (Naturpark Dübener Heide und Umgebung)
- Nr. 035 (Dahlener Heide, Wermsdorfer Wald und Umgebung)
- Nr. 046 (Muldental, Grimma, Wurzen, Eilenburg und Umgebung)
- Nr. 048 (Leipzig und Umgebung)
- Nr. 065 (Kohrener Land, Colditzer Forst und Umgebung)
- Nr. 145 (Riesa, Oschatz, Großenhain und Umgebung).

Diese Dr.-Barthel-Karten gibt es im Maßstab 1:35.000:

- Nr. 038 (Rochlitzer Muldental und Umgebung)
- Nr. 099 (Mittleres Saaletal, Naumburg und Umgebung).

☺ Die Kartenempfehlungen wurden von der Geobuchhandlung Kiel überprüft. ☎ 04 31/942 49

Die GPS-Tracks zu den beschriebenen Wegen können Sie auf der Internetseite des Verlags (💻 www.conrad-stein-verlag.de) herunterladen.

📖 **GPS** *Grundlagen · Tourenplanung · Navigation* von Michael Hennemann, Conrad Stein Verlag, Basiswissen für draußen, ISBN 978-3-86686-495-5, € 9,90

Updates

Der Conrad Stein Verlag veröffentlicht Updates zu diesem Buch, die direkt vom Autor oder von den Leserinnen und Lesern dieses Buches stammen. Sie finden diese auf der Verlagshomepage 💻 www.conrad-stein-verlag.de. Der links abgebildete QR-Code führt Sie direkt dorthin.

Wandern mit Kind

Das Wandern wird Kindern insbesondere innerhalb von Leipzig sowie im Mulden- und im Elstertal und im südlich der Stadt gelegenen Neuseenland Freude bereiten.

Während die Wanderungen innerhalb der Stadt nur wenige Kilometer lang sind und auf diesen zudem Spielplätze zum Spielen und Eiscafés zur Rast einladen, beeindrucken die Flusstäler mit einer einzigartigen Naturlandschaft und das Neuseenland mit zahlreichen Bademöglichkeiten.

Wandern mit Kinderwagen

Zum Wandern mit Kinderwagen eignen sich nicht alle Touren, da es – vor allem entlang der Flussufer und in den Flusstälern und auch in der östlich der Stadt gelegenen Tieflandsbucht – enge Pfade und Wege gibt, die nach Regenschauern und im Herbst schlammigen und weichen Untergrund besitzen.

Wandern mit Hund

Die Leipziger Region eignet sich zum Wandern mit Hunden sehr gut. Die östlich der Stadt gelegene Tieflandsbucht und das Mulden- bzw. Parthetal werden von weiten Feldern und von dicht bewachsenen Auenwäldern geprägt. Ebenso ist das südlich und westlich der Stadt gelegene Neuseenland und das Tal der Weißen Elster bzw. das Unstrut- und Saaletal reich gesegnet mit saftig-grünen Wiesen und mit Baumalleen verschiedenster Arten. Im Osten der Stadt gibt es mehrere Pferdegestüte. Hier müssen Sie ihre vierbeinigen Freunde unbedingt anleinen!

Wanderinfrastruktur

Die im Buch beschriebenen Wanderungen sind zumeist gut markiert. Sie verlaufen häufig auf dem Lutherweg und/oder auf regionalen Wanderwegen der jeweiligen Gebiete (z. B. Heide-Biber-Weg in der Dübener Heide, Weinroute im Elstertal bei Zeitz, Weg der Steine an der Mulde, Parthewanderweg und Pilgerwege Via Regia und Via Imperii).

📖 **Via Regia** von Thorsten Hoyer, Conrad Stein Verlag, ISBN 978-86686-792-5, € 15,90

Wanderungen in der südlichen und westlichen Umgebung von Leipzig

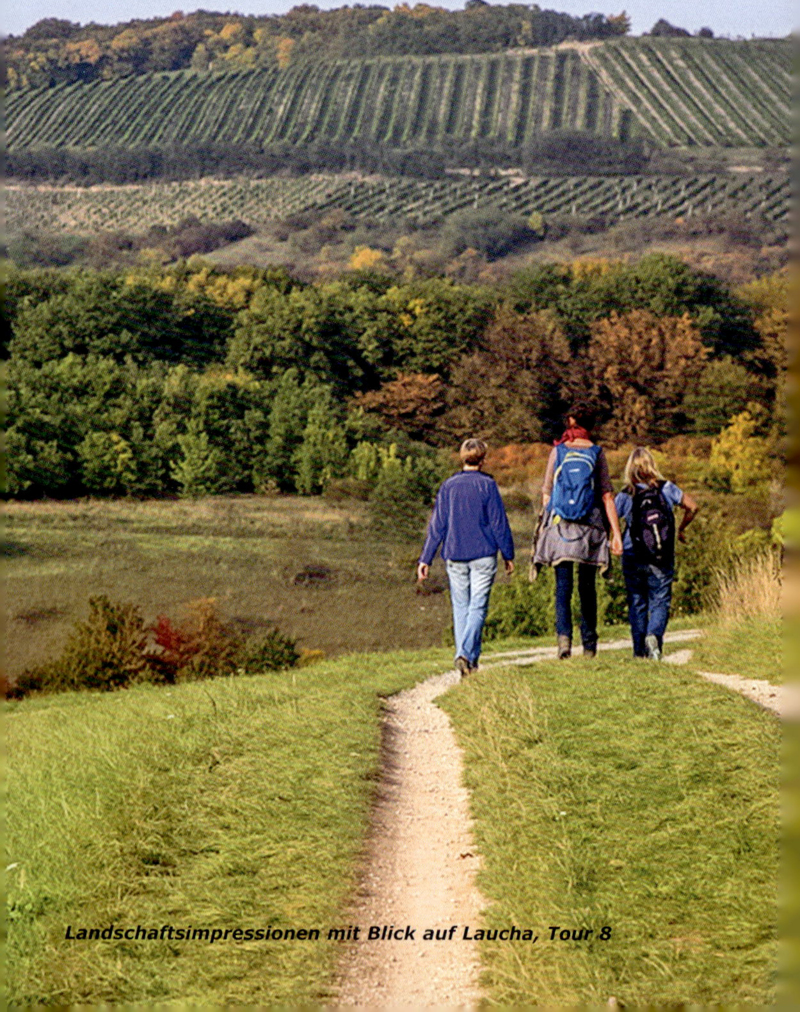

Landschaftsimpressionen mit Blick auf Laucha, Tour 8

1 Auf dem nördlichen Geopfad von Droyßig nach Zeitz

Tour für Kultur- und Naturbegeisterte

Die Wanderung erschließt die seenreiche Heide- und Kulturlandschaft des Droyßig-Zeitzer Forstes. Die in Hollsteitz auf Strommasten und auf Hausdächern angebrachten skurrilen Kunstfiguren eines einheimischen Künstlers bilden den kulturellen Höhepunkt der Tour, die im Sommer auch im Kretzschauer See zum Baden einlädt.

→ Start: Bushaltestelle „Am Markt" in Droyßig, GPS N 51°02.523' E 12°01.660';
Ziel: Bahnhof Zeitz, GPS N 51°03.363' E 12°07.928'

16,2 km

4 Std. 20 Min.

144 m/230 m

150-266 m

zumeist Markierung des Geopfades (weißes G auf grünem Feld), teilweise auch Radwegmarkierung

Die Wanderung verläuft größtenteils auf weichen Feldwegen. Es gibt jedoch auch kurzzeitige Abschnitte auf asphaltierten Fußwegen und auf Fußwegen am Rand kleiner Nebenstraßen.

Schlossrestaurant (km 0,2), Strandbad mit Terrasse am Kretzschauer See (km 11,2), mehrere Gaststätten in Zeitz abseits des Weges

Entlang der Strecke gibt es zahlreiche, zum Teil auch überdachte Rastplätze; insbesondere im Hollsteitzer Park (km 7) stehen mehrere Holzbänke.

Kretzschauer See (km 11)

Der Weg ist sehr gut für Kinder geeignet. Der Bärenzwinger im Schlosspark Droyßig gilt als eine besondere Attraktion (km 0,2) und im Naherholungsgebiet am Kretzschauer See gibt es zahlreiche altersgerechte Spiel- und Aktivitätsangebote (km 11).

Da der Weg vor allem entlang des ersten Abschnittes auf einer alten Handelsstraße verläuft, ist die Tour für Kinderwagen nicht geeignet.

Für Hunde ist die Wanderung sehr gut geeignet. Vor allem die zahlreichen zwischen Quesnitz und Gladitz gelegenen Seen bieten Ihren Lieblingen viele Möglichkeiten zur Erfrischung.

P In Droyßig und in Zeitz gibt es in der Nähe der jeweiligen Bushaltestellen viele Parkmöglichkeiten.

Zwischen Zeitz und Leipzig verkehren stündlich Züge. Die Regionalbuslinie 820 fährt alle 2 Std. ab „Zeitz Busbahnhof" nach Droyßig „Am Markt" (letzter Bus 15:42). Zudem gibt es die Möglichkeit eines Rufbusses, ☏ 03 91/536 31 80. Bitte mindestens 1 Std. vor Fahrtbeginn anrufen!

Von der Bushaltestelle „Am Markt" in Droyßig laufen Sie in Richtung Schloss. Das Schloss steht in Sichtweite der Haltestelle.

Das Droyßiger Schloss

Die von den Kreuzrittern im frühen 13. Jahrhundert in Droyßig erbaute Höhenburg ist in Deutschland, was ihr Aussehen und ihre Form betrifft, einmalig. Dem ersten Burgbesitzer, Ordensbruder Albert von Turn, folgten 100 Jahre später die Johanniter, bevor sich ab dem 15. Jahrhundert verschiedene Adelsfamilien, wie z. B. die Hoyms und die Schönburgs, der Burg bemächtigten. Beide prägten und veränderten das Aussehen der Burg und das Droyßiger Stadtbild, denn während die Hoyms im 17. Jahrhundert die Burg zu einem Schloss umbauten, gründeten die Schönburgs 1843 die gegenüber dem Schloss stehenden Droyßiger Anstalten. Heute nutzt das Christophorus Gymnasium das Gebäude für den Unterricht. Auch sind – neben dem gut erhaltenen Schloss – die 1622 erbaute und gut erhaltene Schlosskirche, der Bärenzwinger und der Schlosspark sehenswert. Für Schlossführungen und die Besteigung des Schlossturmes können Sie sich unter ☏ 034 44 25/218 72 anmelden.

Touristik-Informationszentrum, Markt 6b, 06722 Droyßig, www.droyssig.de, aktuell geschlossen, Informationen und evtl. Öffnung durch die Gemeindeverwaltung erhalten Sie unter ☏ 034 45/218 72 oder bei Herrn Wellnitz unter 01 70/315 03 99

Schlossrestaurant Droyßig, Schloss 1, 06722 Droyßig, ☏ 03 44 25/999 79, www.landhaus-schloss-droyssig.de, Mo Ruhetag, Di-Do 11:00-17:00, Fr und Sa 11:00-22:00, So 11:00-19:00

Bärengehege im Schlosspark in Droyßig, ☏ 03 44 25/275 75, www.droyssig.de, täglich

Unmittelbar vor dem Eingang zum Schlosspark folgen Sie nun dem Geopfad, der Sie in nördlicher Richtung zu einer über den Hasselbach führenden Steinbrücke bringt. Der Brücke folgt nach 300 m eine alte Handelsstraße, der heutige Quesnitzer Weg ❶.

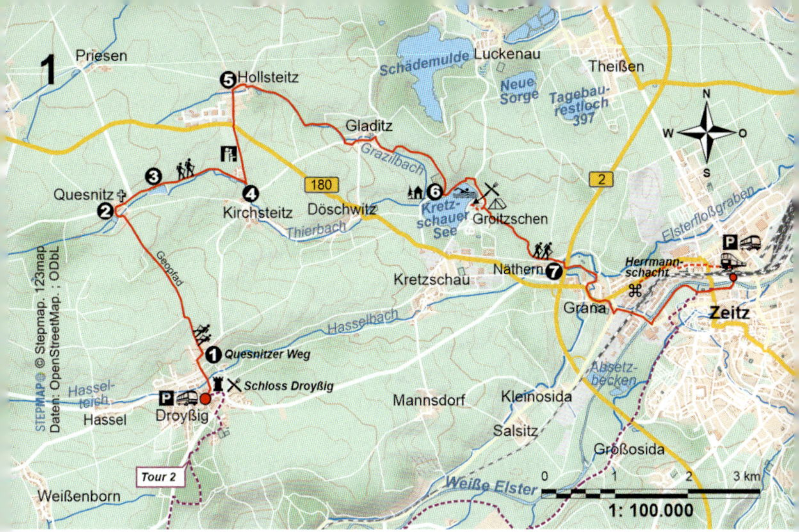

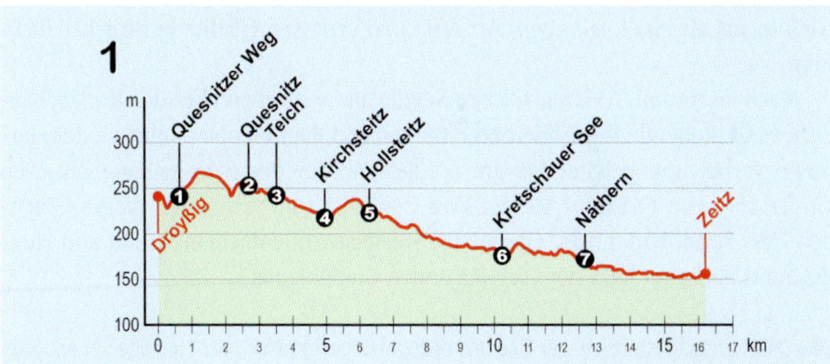

Kurz darauf erreichen Sie eine kleine Anhöhe, von der Sie einen herrlichen Blick auf die im Tal liegende Kleinstadt haben. Nach dem Blick auf das Schloss und auf den Templerbezirk laufen Sie weiter nach Norden, bis Sie nach insgesamt 3 km das 1221 erstmals urkundlich erwähnte Dorf Quesnitz ❷ erreichen. Der Feldweg wird im Ort zu einer asphaltierten Nebenstraße. Nur 200 m nach den ersten Häusern haben die Bürger des Ortes rechts von der Straße eine Schaukel und ein kleines Klettergerüst aufgestellt. 100 m weiter erreichen Sie dann eine Straßenkreuzung. Hier folgen Sie der Markierung des Geopfades. Der Wegweiser führt Sie nach rechts zur am Rand der Straße stehenden ✝ Dorfkirche mit ihrem im 18. Jahrhundert errichteten Turm.

Nur wenige Hundert Meter später folgen Sie am Ortsausgang, wo die Straße nach links in Richtung Norden abzweigt, weiter der Markierung des Geopfades und bleiben auf dem geradeaus führenden Feldweg. Dieser führt Sie vorbei an einem Teich ❸ und dann am Ufer des Thierbaches bis zum Ort Kirchsteitz ❹. Unmittelbar bevor Sie das Dorfzentrum betreten, schwenkt der Geopfad jedoch scharf nach links. Sie folgen dem Pfad und erreichen eine kleine Anhöhe, von der Sie einen prachtvollen Blick auf die Landschaft haben. Auf dem Geopfad überqueren Sie anschließend die B180 und nach insgesamt 5,9 km erreichen Sie das Dorf Hollsteitz ❺. Hier lebt u. a. der Künstler Roland Lindner. Seine im Ort an Häuserwänden und an Strommasten angebrachten Holz- und Bronzeinstallationen geleiten Sie bis zum Hollsteitzer Park und danach bis zum sogenannten Pfad der Besinnung.

Dem Pfad bzw. den im Park angelegten Teichen folgt erneut der Geopfad. Er führt Sie am Ufer des Grazilbaches entlang bis zum Ort Gladitz und einem 1024 erstmals erwähnten Rittergut. Unmittelbar diesem gegenüber und direkt vor einer am Wegrand stehenden Informationstafel schwenkt der Pfad scharf nach rechts ab. Sie folgen dem Abzweig und verlassen Gladitz in östlicher Richtung.

Nach insgesamt 10 km erreichen Sie die am nördlichen Ufer des Kretzschauer Sees ❻ stehende Jugendherberge Burgenland. Der Geopfad führt an der Herberge vorbei und geleitet Sie am nördlichen Ufer des Sees entlang bis nach Groitzschen. Im Ort führt Sie der Weg zunächst zum rechts des Weges liegenden Strandbad mit Gaststätte, Spielplatz, öffentlichem Strand und Hundestrand und zum links am Weg liegenden Campingplatz.

Strandbad Kretzschauer See und dazugehörige Terrasse (nicht unmittelbar am See, siehe unten), Am See, 06712 Kretzschau, ☏ 034 41/21 69 39,
April-Oktober 10:00-18:00

Um zur Terrasse zu gelangen, bleiben Sie auf der nach rechts abbiegenden Straße. Nach 200 m erreichen Sie eine Weggabelung. Sie bleiben weiter auf dem nach rechts abzweigenden Weg und erreichen schließlich die Terrasse und das Ufer des Sees.

☺ Nur 200 m von der Terrasse entfernt befinden sich ein Spielplatz und ein Bootsverleih.

Sie folgen in Höhe des Campingplatzes dem nach links abzweigenden Fuß- und Radweg (hölzerner Wegweiser in Richtung „Näthern"), der Sie, vorbei am Campingplatz, zum Ortsausgang und in den Wald führt. Auf dem Pfad wandern Sie zum Ort Näthern ❼, wo Sie den ⌘ Elsterfloßgraben überqueren.

Der Elsterfloßgraben

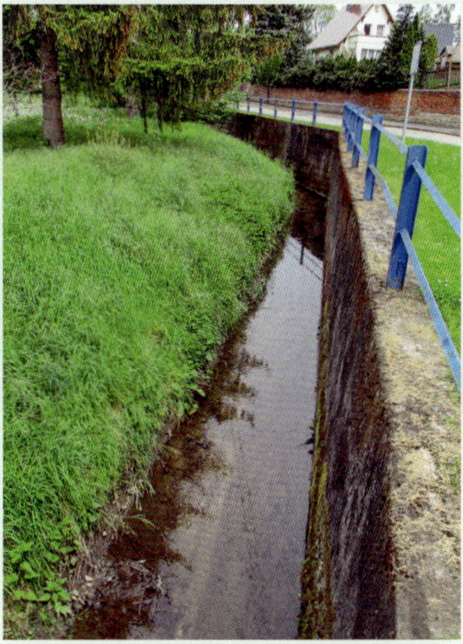

Der Elsterfloßgraben bei Näthern

Der sächsische Kurfürst August I. war ein gebildeter und dem technischen Fortschritt gegenüber aufgeschlossener Mann. In der zweiten Hälfte des 16. Jh. begründete er gemeinsam mit den von ihm beauftragten Architekten Martin Planer und Christian Kohlreiber das sächsische Floßgrabensystem. Das Kernstück des Projektes ist ein 3 m breiter, 1 m tiefer und 80 km langer Graben, der 1580 zum ersten Mal das Wasser der Weißen Elster zunächst von Wetterzeube bis nach Rippach bei Poserna und später bis nach Leipzig leitete. Nachdem im ersten Jahrzehnt des 19. Jh. die größte jemals erreichte Holzmenge vom Vogtland in die an der Saale gelegenen Salinen und in die Messestadt Leipzig geflößt worden war, wurde der Floßgraben durch die in der ersten Hälfte des 19. Jh. einsetzende Industrialisierung bedeutungslos. Das Holz wurde nun nicht mehr geflößt, sondern ab 1864 mithilfe der Eisenbahn nach Leipzig transportiert. Heute ist der Elsterfloßgraben ein ⌘ technisches Denkmal, das sich mit der beeindruckenden Gesamtlänge von fast 100 km als das bedeutendste europäische Kanalsystem des 16. Jh. offenbart.

♦ Förderverein Elsterfloßgraben e. V., Altenburger Straße 40, 06712 Zeitz,
💻 www.elsterflossgraben.de

Nach der Überquerung des Grabens verläuft der Geopfad kurzzeitig entlang der ☝ B180 und danach durch die Anlagen einer Zuckerfabrik. Der Weg, der auf diesem Abschnitt einer Werksstraße gleicht, geleitet Sie bis zu einer über die Weiße Elster führenden Brücke.

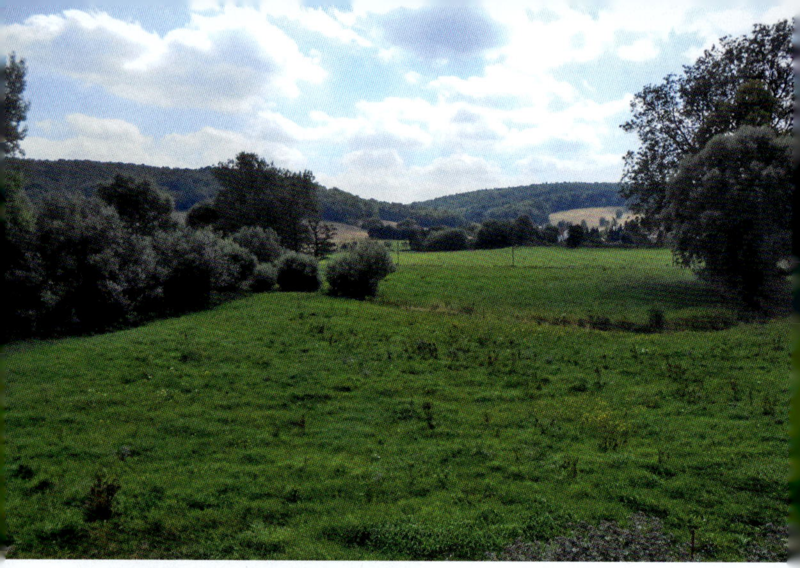

Auenlandschaft bei Droyßig

Nach der Überquerung des Flusses betreten Sie einen am rechten Ufer angelegten Deich, der Sie, nachdem Sie ein weiteres Mal die Weiße Elster überquert haben, bis zum Bahnhof führt.

Das ⌘ Museum Brikettfabrik Hermannschacht ist nur 1,6 km von hier entfernt. Vom Bahnhof laufen Sie die Baenschstraße in westliche Richtung bis zur B180. Hier angekommen halten Sie sich rechts. Sie laufen auf dem Fußweg der B180 bis zu der Kreuzung, an der die Alte Werkstraße nach links abzweigt. Diese Straße führt Sie bis zur Naumburger Straße, wo an der linken Straßenseite nach insgesamt 1,6 km das Museum steht.

Der Herrmannschacht

Mit der 1899 erfolgten Einweihung des Herrmannschachtes – der wahrscheinlich ältesten Brikettfabrik der Welt – begann die industrielle Kohleförderung. Der Schacht, in dem bis 1959 Kohle gefördert wurde, ist heute Eigentum des Vereins MUT – Mitteldeutscher Umwelt- und Technikpark. Dieser bietet Führungen und Projekttage für Schulklassen an, auch hat er einen Lehrpfad eingerichtet.

♦ Brikettfabrik Hermannschacht, Naumburger Straße 99, 06712 Zeitz,
☏ 034 41/22 86 55, www.mut-zeitz.de, April-Oktober Di-So 10:00-16:00

② Auf dem südlichen Geopfad von Droyßig nach Zeitz

Tour für Kultur- und Naturinteressierte und die Jüngerinnen und Jünger des Dionysos

Die ersten Kilometer der Tour führen durch den Droyßiger Forst. Nach der in Wetterzeube erfolgten Überquerung der Weißen Elster verläuft der Weg auf der Weinroute durch das Tal des Flusses. Der Höhepunkt der Wanderung ist die über der Landschaft bei Zeitz thronende Haynsburg, die mit einem mächtigen Bergfried und mit einer gruseligen Vergangenheit beeindruckt.

→ Start: Bushaltestelle „Am Markt" in Droyßig, GPS N 51°02.519' E 12°01.664';
Ziel: Bahnhof Zeitz, GPS N 51°03.355' E 12°07.929'

20,6 km

5 Std. 10 Min.

↑↓ 290 m/376 m

⇧ 150-291 m

Bitte achten Sie auf die Markierungen des Geopfads (weißes G auf grünem Hintergrund), der Weinroute und des Elster-Radweges.

zu Beginn weiche Wald- und Wiesenwege sowie kurzzeitig Wege auf asphaltiertem Untergrund, Aufstieg zur Haynsburg auf Fußweg entlang einer Nebenstraße, Abstieg von Haynsburg auf weichen und schattigen Wegen durch Wälder und über Wiesen, der letzte Abschnitt der Tour auf Wegen mit asphaltiertem Untergrund

In Droyßig gibt es das Schlossrestaurant leicht abseits des Weges. Entlang der Strecke laden der Landgasthof Zu den Drei Linden in Dietendorf (km 7,2) und die Burgschänke auf der Haynsburg (km 11,4) zur Einkehr ein.

Im Droyßiger Wald und entlang der Weinroute im Elstertal stehen zahlreiche Bänke, auch gibt es mehrere Rastplätze, z. B. nach der Überquerung der Weißen Elster hinter Wetterzeube und an der Streuobstwiese hinter der Neumühle.

Keine Bademöglichkeit am Weg. Abseits des Weges gibt es das Sommerbad in Zeitz.

Der Weg ist gut für Familien mit konditionsstarken Kindern geeignet. Der Schlosspark in Droyßig besitzt mit einem Bärengehege eine besondere Attraktion (km 0,2). Ihre Schützlinge werden sich außerdem auf der Haynsburg und auf dem Spielplatz (km 11,4) besonders wohlfühlen.

Da der Weg vor allem zu Beginn über alte Handelsstraßen sowie später teilweise auch durch enge Flure verläuft, ist die Tour für Kinderwagen nicht geeignet.

Für unternehmungslustige Vierbeiner ist die Tour hervorragend geeignet.

Sowohl in Droyßig als auch in Zeitz gibt es zahlreiche Parkmöglichkeiten.

Zwischen Zeitz und Leipzig verkehren stündlich Züge. Die Regionalbuslinie 820 fährt alle 2 Std. ab „Zeitz Busbahnhof" nach Droyßig „Am Markt" (letzter Bus 15:42). Zudem gibt es die Möglichkeit eines Rufbusses, ☏ 03 91/536 31 80. Bitte mindestens 1 Std. vor Fahrtbeginn anrufen!

Von der Bushaltestelle „Am Markt" laufen Sie bis zum Schlosspark. Das Schloss ist von der Haltestelle schon in Sichtweite. Im Park, wo sich links das Schlossrestaurant befindet, halten Sie sich rechts und laufen bis zum Spielplatz.

Touristik-Informationszentrum, Markt 6b, 06722 Droyßig, www.droyssig.de, aktuell geschlossen, Informationen und evtl. Öffnung durch die Gemeindeverwaltung erhalten Sie unter ☏ 034 45/218 72 oder bei Herrn Wellnitz unter 01 70/315 03 99

Schlossrestaurant Droyßig, Schloss 1, 06722 Droyßig, ☏ 03 44 25/999 79, www.landhaus-schloss-droyssig.de, Mo Ruhetag, Di-Do 11:00-18:00, Fr und Sa 11:00-22:00, So 11:00-19:00

Bärengehege im Schlosspark in Droyßig, ☏ 03 44 25/275 75, www.droyssig.de, täglich

Wanderer halt ein! Hier kannst Du rasten!

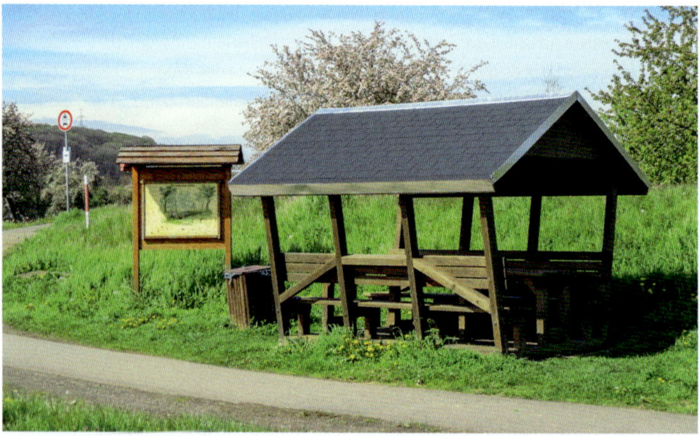

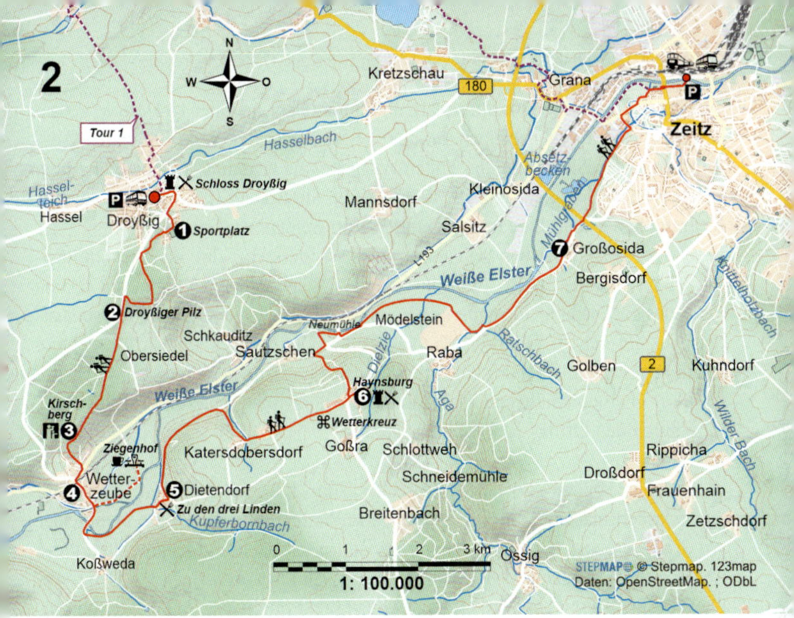

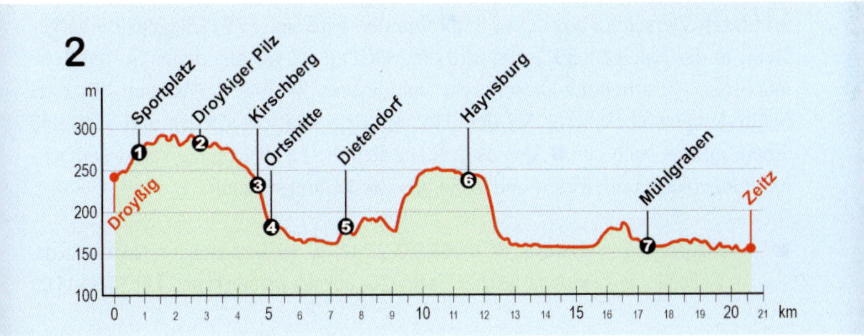

Gegenüber dem Spielplatz befindet sich das Südtor. Sie verlassen den Park durch das Tor (außerhalb des Parks steht links neben dem Tor eine Informationstafel). Sie folgen danach der grün-weißen Markierung des Elster-Radweges und dem Fußweg der zum Wald führenden Wilhelm-Kitzinger-Straße. Der Weg führt Sie bis zu einer Straßenabzweigung. Hier halten Sie sich links und laufen, vorbei am Friedhof und vorbei am Sportplatz ❶, nach einer Rechtskurve in südliche Richtung.

Nur 200 m nach dem Sportplatz und unmittelbar an einer Linkskurve verlassen Sie die Straße und bleiben auf dem geradeaus in den Wald führenden Weg. Im Wald halten Sie sich an der ersten Weggabelung links und folgen ab hier dem Weg bis zum Droyßiger Pilz ❷. Während die Straße hier nach rechts abzweigt, bleiben Sie auf dem Pfad und folgen der grün-weißen Markierung.

Nach 2,9 km erreichen Sie ein hölzernes Wanderkreuz, das Sie erneut in Richtung „Wetterzeube" weist. Nach insgesamt 4,4 km stehen Sie dann am oberen Rand des sogenannten Kirschbergs ❸ und werden endlich mit einem traumhaften Blick auf den im Tal liegenden Ort belohnt. Diesen Blick können Sie mehrere Minuten genießen, denn der Weg führt Sie dann am Hang bergab bis zur Ortsmitte ❹. Dort überqueren Sie eine Eisenbahnbrücke und laufen weiter in südlicher Richtung durch den Ort bis zum Mühlgraben.

Hier können Sie einen Abstecher zum 1,2 km entfernten Ziegenhof Schleckweda machen. Am Ortsausgang von Wetterzeube folgen Sie unmittelbar vor der Überquerung des Mühlengrabens den am Straßenrand aufgestellten Wegweisern zum „Ziegenhof" und betreten den nach links abzweigenden Elsterweg. Dieser führt Sie am Ufer des Grabens entlang und durch eine Auenlandschaft bis zum Ort Schleckweda. Im Ort steht der Ziegenhof im Zentrum. Im denkmalgeschützten Vierseithof aus dem 18. Jahrhundert wird seit 1991 Ziegenkäse hergestellt. In der hofeigenen Käserei wird die Milch zu 17 verschiedenen Sorten Rohmilchkäse verarbeitet. Dieser reift mindestens 4 bis 8 Wochen in zwei Natursteingewölbekellern. Auf dem Hof, auf dem mehrere Ziegen und Schweine leben, gibt es auch ein kleines Café, in dem die Familie Blume selbst gemachten Ziegenkäse und Torten und Wein aus der Region verkauft.

Ziegenhof Schleckweda, ☏ 03 66 93/227 47, www.ziegenhof-schleckweda.de, Hofladen, wo manchmal frischer Ziegenkäse gekauft werden kann, Fr 10:00-18:00

Sie überqueren den Mühlgraben und die Weiße Elster und laufen bis zum Rastplatz links der Straße. Ab hier folgen Sie der Markierung des Elster-Radweges, die Sie in Richtung des 500 m entfernten Ortes Dietendorf führt. Der Weg verläuft am Ufer der Weißen Elster entlang und über Wiesen des Auenwaldes, bis er ca. 200 m vor dem Erreichen des Ortes den Fluss nach rechts verlässt. In Dietendorf angekommen ❺ folgen Sie dem geradeaus bergauf führenden Geopfad, der Sie bis zu einer Straßenkreuzung und dem hier rechts der Straße gelegenen Landgasthof Zu den Drei Linden führt.

✕ Landgasthof Zu den Drei Linden, Dietendorf 20, 06722 Wetterzeube, ☏ 03 66 93/224 49, täglich 10:00-16:00

Sie laufen die Straße weiter bergauf und gelangen schließlich zum Ortsausgang, wo Sie die Markierungen des Geopfades und des Elster-Radweges bzw. die Weinroute nach links zum Ufer des Flusses weisen.

Die Weinroute führt Sie in das romantische Tal der Weißen Elster, wo am linken Ufer die Weinberge in die Höhe ragen. Genießen Sie diese Pracht! Die am Wegesrand stehenden Apfel-, Birnen- und Pflaumenbäume und die sanft über dem Tal der Weißen Elster gelegenen Weinhänge sind nun Ihre Begleiter auf dem Weg.

Die Weinroute im Elstertal

Der erste Chronist, der die Weinhänge in der Region glaubhaft beschrieb, war ausgerechnet ein in Zeitz geweihter Bischof. In einer von Dietrich I. 1121 herausgegebenen Schrift heißt es, dass in der Nähe von Zeitz, das heißt auf den Steilhängen der Weißen Elster, Wein angebaut wurde. Die Weinlese währte jedoch zunächst nur bis zur Reformation und die Weinhänge endeten nach der Auflösung des Klosters zwischenzeitlich als Brachland. Heute erstreckt sich die 17 ha große Rebfläche vom Klosterberg bei Posa über den Englischen Garten bei Salsitz bis zur Wetterzeuber Bischofsleite. Die Weinroute führt vom Kloster Posa bis zum Beeren- und Straußenhof in Trebnitz.

www.blaues-band.de/elster-weinroute.com

Wenige Meter nach einem Rastplatz zweigt der Geopfad schließlich rechts ab und führt Sie bergauf. Sie laufen am Ufer eines kleinen Baches entlang und durch eine schattige Schlucht bis zum Ort Katersdobersdorf. Nach der Durchquerung des Dorfes gelangen Sie zur am Ende der Straße stehenden Haynsburg. Ungefähr 500 m vor dem Erreichen der Burg steht auf der rechten Seite der Straße das 1897 von Haynsburger Bürgern aufgestellte ⌘ Wetterkreuz. Das Kreuz, das ursprünglich ein Sühnekreuz war, wurde vom Volksmund während des letzten Jahrhunderts in „Wetterkreuz“ umbenannt. Nur wenige Hundert Meter nach dem Wegkreuz zweigt eine Nebenstraße nach rechts in Richtung des Dorfes Großra ab. An dieser Straße liegt nach 300 m auf der linken Seite Deutschlands einziger Freidenkerfriedhof. Zurück auf der Dorfstraße laufen Sie in Richtung des Dorfes Haynsburg und der am Ende der Straße stehenden Burg, die Sie nach insgesamt 11,4 km ❻ erreichen.

Die Besteigung des 132-stufigen Bergfrieds ist empfehlenswert. Von der Turmspitze bietet sich ein einzigartiger Panoramablick.

Die Haynsburg

Über dem Tal der Weißen Elster schwebt die Haynsburg. Die gut erhaltene Anlage lohnt einen Besuch, ebenso wie der Aufstieg auf den mächtigen Bergfried. Der Blick von hier entschädigt für die Anstrengung. Bei klarer Sicht zeichnen sich am Horizont sogar die Umrisse des Leipziger Völkerschlachtdenkmals ab. Die Burg, deren erster Besitzer 1185 ein Ritter mit dem Namen Conradus de Hagensberg war, birgt bemerkenswerte Eigenheiten. So soll der Bergfried viele Jahrhunderte nur mithilfe einer Strickleiter zugänglich gewesen sein; auch ist das Mauerwerk ungewöhnlich dick. Im 12 m in die Tiefe ragenden Teil des Bergfrieds befand sich zudem einst ein Verlies.

Dem besagten Ritter folgten als neue Burgherren 1295 der Markgraf von Meißen und zu Beginn des 14. Jh. die Bischöfe aus Zeitz. Die zunächst in Zeitz und später in Naumburg residierenden Kirchenfürste nutzten die romanische Wehranlage zur Überwachung der kaiserlichen Pfalz in Kayna und der einst von Naumburg nach Zeitz führenden Handelswege. Die Burg, die nach der im 17. Jahrhundert erfolgten Auflösung des Bistums zunächst in kursächsischen und später in königlich-preußischen Besitz geriet, war dann während der Jahre des real existierenden Sozialismus ein VEG (Volkseigenes Gut). Heute befinden sich auf dem Gelände des sanierten Areals ein Kindergarten, ein Touristenzentrum, ein Motorradmuseum und die ✕ Burgschänke. Am hinteren Burggewölbe und unmittelbar am oberen Ende des in ein Tal führenden Hangs befindet sich eine eigens für Fledermäuse eingerichtete Heimstatt.

⌘ Fledermausgewölbe mit Lehrpfad, täglich bis 20:00

♦ Motorradmuseum, Di 13:00-19:00, Do 13:00-16:00 und So 14:00-16:00 oder nach telefonischer Terminvereinbarung unter ☏ 03 44 25/212 01

✕ Burgschänke auf der Haynsburg, Burgstraße 10, 06722 Wetterzeube, OT Haynsburg, ☏ 03 44 25/306 67, www.zur-haynsburg.com,
Mo 11:00-14:00 und 17:00-20:00, Di-So 11:00-20:00

Nach der Besichtigung der Burg laufen Sie die Dorfstraße zurück bis zum Ortseingang von Haynsburg. Hier betreten Sie unmittelbar vor dem letzten Haus eine kleine, nach rechts abzweigende Straße. Diese führt Sie durch den nördlichen Teil des Ortes und schließlich auf eine Anhöhe. Eine hier stehende Bank

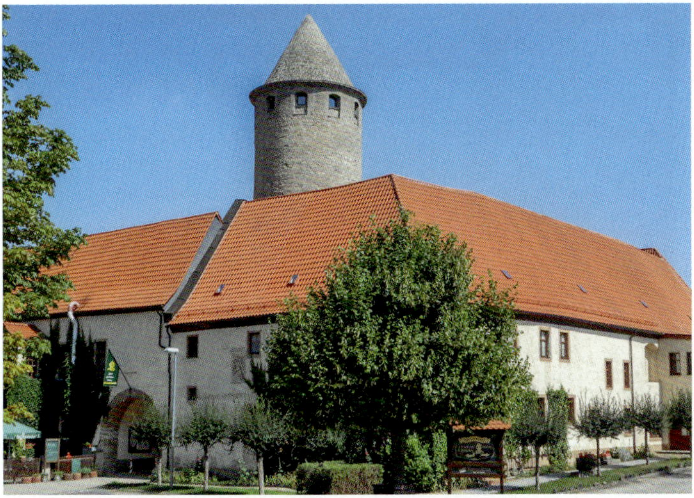

Haynsburg

lädt zum Ausruhen ein und bietet auch einen wunderbaren Blick auf das sanft in die Auenlandschaft eingebettete Tal der Weißen Elster. Weiter geht es auf dem Geopfad, der Sie über eine Wiese und, umgeben von Obstbäumen sowie den Lauben einer Kleingartenkolonie, talwärts führt. Im Tal angekommen laufen Sie zunächst in Richtung der bei Sautzschen stehenden Neumühle. Unmittelbar vor dieser wenden Sie sich jedoch – dabei der Weinroute und dem Elster-Radweg folgend – nach rechts. Sie erreichen einen am Rand einer Streuobstwiese eingerichteten Rastplatz.

Sie folgen weiter den bekannten Markierungsschildern und betreten schließlich einen im Tal der Weißen Elster aufgeschütteten Deich. Dieser führt Sie zum Ufer eines vom Dorf Raba kommenden Baches, den Sie mithilfe einer Holzbrücke überqueren.

Sie laufen weiter bis zum Ort Großosida und überqueren dahinter, nach insgesamt 17,3 km, einen Mühlgraben ❼. Ab hier weisen Sie die Markierungen der Weinroute und des Elster-Radweges weiter bis zur Weißen Elster, an deren Ufer Sie entlanggehen. 1,3 km vor dem Zeitzer Bahnhof überqueren Sie auf einer Straßenbrücke links den Mühlgraben und gelangen – nachdem Sie die Weiße Elster überquert haben – zum Bahnhof, dem Ziel der Wanderung.

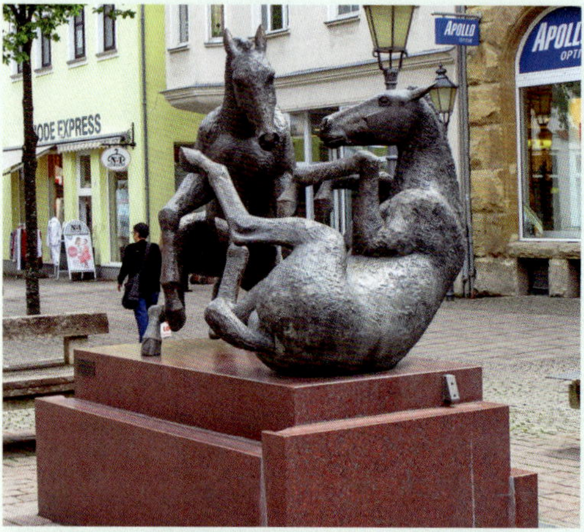

Skurriles Denkmal in Zeitz

Zeitz

Die im Jahr 967 gegründete Stadt verlor bereits im frühen 11. Jahrhundert den Bischofssitz an das benachbarte Naumburg. Der im 11. Jahrhundert im frühromantischen Stil erbaute ✞ Dom St. Peter und Paul und andere Bauwerke, wie z. B. die Stadtmauer und mehrere Stadttürme, erinnern bis heute an diese Zeit. Von 1652-1718 residierte in dem in jenen Jahren erbauten Schloss der Herzog Moritz. Diese vom Barock beeinflusste Epoche prägt bis heute die Architektur der Oberstadt. Im 19. Jahrhundert war Zeitz zudem ein bedeutsames Industriezentrum. Heute offenbart sich die Stadt als ein beschaulicher Ort und vor allem die Oberstadt (wo u. a. das spätgotische Rathaus und die ✞ Michaeliskirche stehen), der ⌘ Schlosspark und die unterirdischen Gänge lohnen einen Besuch.

⌘ Deutsches Kinderwagenmuseum, Schlossstraße 6, 06712 Zeitz,
☏ 034 41/21 25 46,
🚪 April-Oktober Di-So 10:00-18:00, November-März Di-So 10:00-16:00

🏊 Sommerbad, Freiligrathstraße 31, ☏ 034 41/25 15 52,
🚪 15. Mai bis 31. August Mo-So 9:00-20:00

✕ Gaststätte Alt Zeitz, Brüderstraße 10, 06712 Zeitz, ☏ 034 41/22 02 73,
🚪 Di-Do 11:30-22:00, Fr und Sa 17:00-24:00, So 18:00-23:00

♦ Gaststätte Rustika, Judenstraße 7, 06712 Zeitz, ☏ 034 41/22 78 41,
💻 www.rustika-zeitz.de, 🚪 Mo-Do 11:00-14:00 und 18:00-21:00,
Fr und Sa 11:00-14:00 und 18:00-23:00, So 11:00-14:00

♦ Schloss-Restaurant Moritzburg, Schlossstraße 6, 06712 Zeitz,
☏ 034 41/688 99 27, 💻 www.speisekarte.de/zeitz-elster, 🚪 Mo Ruhetag,
Di 11:00-15:00, Mi-Fr 11:00-21:00, Sa 11:00-23:00, So 11:00-20:00

❸ Im Tal der Schwennigke bei Pegau

Tour für Familien und Liebhaberinnen und Liebhaber der sächsischen Geschichte

Die in Pegau am Bahnhof beginnende Wanderung führt Sie zunächst durch das Altstadtzentrum und danach durch eine von der Weißen Elster und der Schwennigke geprägte Auenlandschaft bis zur Burgruine in Groitzsch. Es folgt einer der schönsten Wald- und Wiesenwege des Leipziger Landes, bevor mit der erneuten Überquerung des Baches Schwennigke der Rückweg beginnt.

Start und Ziel: Bahnhof in Pegau, GPS N 51°09.971' E 12°14.479'

9,8 km

2 Std. 40 Min.

84 m/84 m

127-145 m

Vom Marktplatz in Pegau bis nach Groitzsch führt Sie die grün-weiße Markierung der Neuseenland-Radroute und danach auf dem Naturlehrpfad am Ufer der Schwennigke eine gelb-weiße Markierung. Nach Überquerung des Baches auf dem Bettelsteig folgen Sie den nach Pegau zeigenden Wegweisern.

durch Pegau auf Fußwegen am Rand von Nebenstraßen, am Ufer des Baches Schwennigke schattige und sandige Waldwege, Rückweg auf Radweg mit asphaltiertem Untergrund

Es gibt keine Einkehrmöglichkeiten direkt am Weg, aber in Pegau und in Groitzsch laden abseits des Weges mehrere Gaststätten zur Einkehr ein.

Zahlreiche Bänke und einige Schutzhütten stehen am Groitzscher Fußweg, auf der Burganlage in Groitzsch und am Ufer der Schwennigke.

Abseits des Weges, ca. 1 km vom Bahnhof entfernt, gibt es das Pegauer Stadtbad.

Kinder, die das Mittelalter, Burgruinen und Geschichten von schönen Prinzessinnen und edlen Rittern lieben, werden diese Tour in guter Erinnerung behalten. Am Ufer der Schwennigke ist zudem ein abwechslungsreicher und mit zahlreichen und gut lesbaren Informationstafeln ausgestatteter Naturlehrpfad eingerichtet. In unmittelbarer Nähe zum Bahnhof in Pegau gibt es einen Spielplatz (km 0,1 bzw. 9,7) und zudem befindet sich ein Waldspielplatz am Ufer der Schwennigke (km 3,4).

Die Mitnahme eines Kinderwagens ist aufgrund des unebenen Naturlehrpfades am Ufer der Schwennigke nicht empfehlenswert.

Für Hunde ist die Tour sehr gut geeignet. Sie verläuft über Wiesen und durch ein großes Waldgebiet.

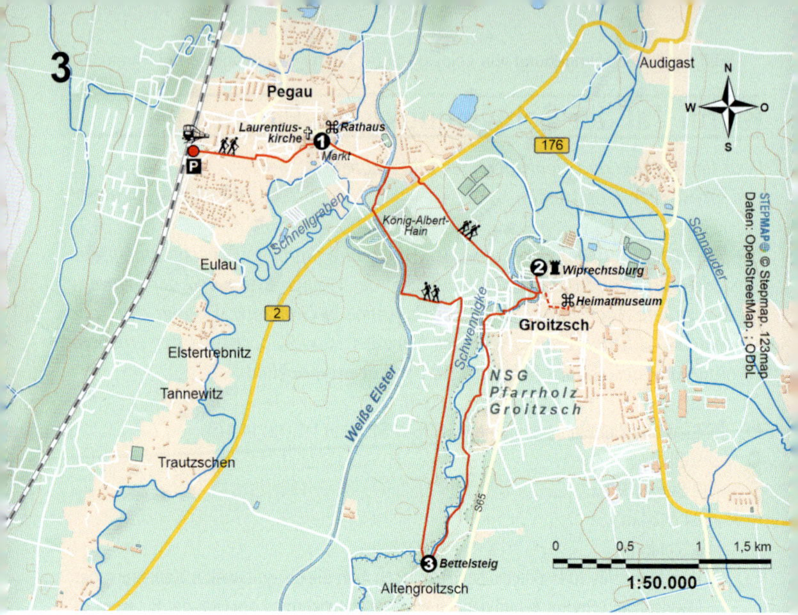

P In Pegau gibt es in der direkten Nähe des Bahnhofes zahlreiche Parkgelegenheiten.

Zwischen Leipzig und Pegau fahren tagsüber stündlich Regionalzüge.

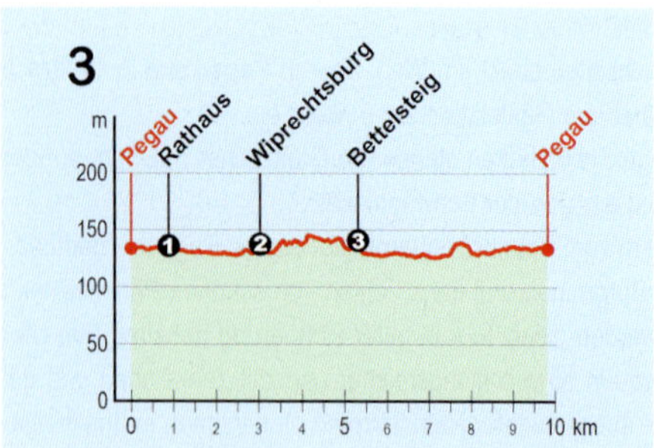

Den Bahnhof verlassen Sie in Richtung Stadtzentrum und passieren einen Spielplatz und das auf der linken Seite der Straße stehende Alte Postamt. Nach 500 m überqueren Sie eine Kreuzung und zweigen danach zunächst links und dann bereits einige Meter weiter rechts in einen kleinen Park ab. Nach dem Verlassen des Parks blicken Sie auf das rechts von der Straße stehende heutige Amtsgericht – dem ehemaligen Pegauer Kloster – und das Stadtzentrum mit der ✝ Laurentiuskirche und dem von Hieronymus Lotter erbauten ⌘ Rathaus am Markt ❶ liegt unmittelbar vor Ihnen.

Pegau

Eine Chronik von 1096 berichtet, dass der Ritter Wiprecht von Groitzsch 1070 die hiesige Burg im Tausch erwarb und das Benediktinerkloster Sankt Jakobus gründete. Dem Kloster folgte zu Beginn des 13. Jh. der Bau der Laurentiuskirche, in der sich bis heute Wiprechts Kenotaph befindet. Im Spätmittelalter besaß Pegau dank des Fleißes und Handelsgeschicks seiner Bürgerinnen und Bürger mit Vieh, Getreide und Salz eine überregionale Bedeutung. Selbstbewusst agierte in jener Zeit auch der Stadtrat, der 1539 die Reformation einführte und 20 Jahre später Hieronymus Lotter mit dem Bau des Rathauses beauftragte. Der Niedergang der Stadt begann im Dreißigjährigen Krieg und setzte sich während der nächsten Jahrhunderte u. a. in Form von verheerenden Stadtbränden fort. Die sich ab jener Zeit über die Stadt gelegte Agonie währte bis in die Jahre des real existierenden Sozialismus, als der Abbau der Braunkohle, chronische Mangelwirtschaft und der Zerfall der in der Altstadt stehenden Häuser den Alltag der hier lebenden Menschen bestimmten. Heute ist Pegau aus dem Schlaf erwacht und das fast vollständig sanierte Altstadtzentrum offenbart mit dem 1559 erbauten Rathaus, dem 30 m hohen Rathausturm, der 1723 errichteten Postmeilensäule, dem 1744 erbauten Napoleonhaus, dem 1553 gebauten Gebäude für die Knabenschule (dem heutigen Volkshaus), dem Melanchthonbirnbaum und mit dem 1906 erbauten Wasserturm in zaghaften Ansätzen seine einstige Pracht.

⌘ Stadtmuseum im Rathaus, Markt 1, 04523 Pegau, ☏ 03 42 96/980 33,
Di 9:00-12:00, Sa/So 13:00-17:00. Das Stadtmuseum zeigt historische Exponate zur Stadtgeschichte.

Stadtbad Pegau, Flur am Stadtpark 4, 04523 Pegau, ☏ 03 42 96/766 17,
Mai-September 10:00-18:00, während der Ferien bis 20:00

✕ Rathmanns Klause, Zeitzer Straße 26, 04523 Pegau, ☏ 03 42 96/764 60,
www.rathmanns-klause.de,
Di-Sa 11:00-13:00 und 17:00-23:00, So 10:00-15:00

♦ Ratskeller, Markt 1, 04523 Pegau, ☏ 03 42 96/36 90 01,
Di-Fr 17:00-24:00, Sa und So 11:30-14:30 und 17:00-24:00

Das Pegauer Stadtzentrum verlassen Sie durch die Schlossergasse. Nach 1 km überqueren Sie den Elstermühlgraben und wenige Hundert Meter später auch die Weiße Elster, um unmittelbar danach auf dem Groitzscher Fußweg die im Elstertal liegende Auenlandschaft zu betreten. Der Fußweg führt zunächst vorbei an Kleingärten und der Sportanlage des TUS 1903 Pegau bis zu einer nach insgesamt

2,2 km beginnenden Allee, die nach links vom Weg abzweigt. Auf dieser erreichen Sie nur wenige Minuten später zum ersten Mal das Ufer der Schwennigke. Nach der Überquerung des Baches, der seine Quelle im Gleinauer Grund hat und nach insgesamt 20 km bei Audigast in die Weiße Elster fließt, halten Sie sich links und blicken nur wenige Hundert Meter später auf die ruinösen Reste der ♜ Wiprechtsburg ❷. Ein Weg führt zum Plateau, das kreisförmig angelegt ist und auf dem im Sommer Konzerte stattfinden.

Wiprecht von Groitzsch

1123 belehnte Kaiser Heinrich V. den Ritter Wiprecht von Groitzsch mit der Markgrafschaft Meißen. Diesem rechtmäßigen Akt folgte jedoch im gleichen Jahr der Entzug des Lehens durch den Herzog Lothar von Supplinburg, der es Konrad von Wettin gab und damit den Aufstieg der Wettiner zu einem der mächtigsten deutschen Adelsgeschlechter begründete. Wiprecht – der bis zu jenem Zeitpunkt ein wagemutiger und erfolgreicher Ritter gewesen war – war zu alt, um gegen das Unrecht aufzubegehren. Dabei hatte er sich, nachdem seine Karriere 1070 als damals mächtigster Ritter im Elsterauenland begann, in zahlreichen Kämpfen gegen einheimische adlige Widersacher behauptet, zudem gewann er in Italien – im Auftrag des Kaisers – eine Schlacht gegen den Papst. Zurückgekehrt an die Elster ließ er in Pegau ein Kloster bauen. Auch förderte er im zwischen der Weißen Elster, der Mulde und der Elbe liegenden Gebiet die Ansiedlung von fränkischen Kaufleuten, Handwerkern und Bauern, damit diese das Land kolonisierten.

Nach der Besichtigung der Burgruine und des Weinberges laufen Sie zurück zur Brücke, die über die Schwennigke führt.

↳ Hier ist ein Besuch des nur 500 m entfernten Groitzscher Stadtzentrums mit dem Marktplatz und dem ⌘ Heimatmuseum im Stadtturm empfehlenswert.

⌘ Heimatmuseum Groitzsch, Turmplatz 5, 04539 Groitzsch, ☏ 03 42 96/421 55, Sa 10:00-12:00

Nach der Überquerung des Baches wenden Sie sich nach links, sodass Sie den am Ufer des Baches eingerichteten ✎ Naturlehrpfad betreten. Am Rand des Pfades sind zahlreiche Holztafeln aufgestellt, die über die hiesige Flora und Fauna informieren. Nach insgesamt 3,4 km überqueren Sie erneut den Bach, um unmittelbar danach den rechts abzweigenden Weg zu betreten. Dieser führt, vorbei an einem Naturspielplatz, in den Wald.

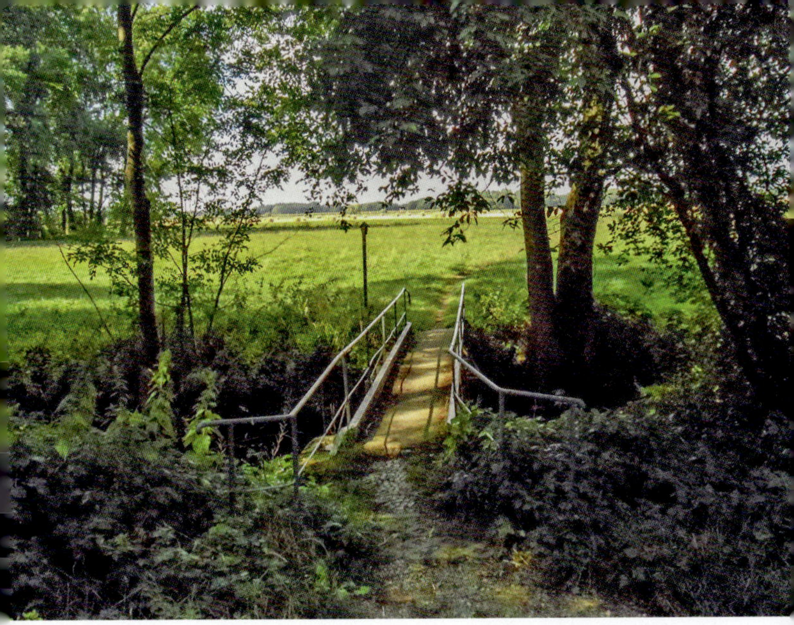

Der Bettelsteig im Pfarrholz

Am unteren Ende des Spielplatzes achten Sie bitte auf die gelb-weiße Markierung des Naturlehrpfades. Bei km 4,9 erreichen Sie eine kleine Wegkreuzung. Hier halten Sie sich rechts und laufen vorbei an einer großen Wiese und einer Pferdekoppel bis zur Lichtung „Große Hölle“.

Nach insgesamt 5,3 km gelangen Sie zum sogenannten Bettelsteig ❸ (✋ leicht zu übersehen). Sie betreten diesen und überqueren den Fluss. Danach folgen Sie einem kleinen Pfad bis zum asphaltierten Elster-Saale-Radweg. Sie orientieren sich an dem nach Pegau zeigenden Wegweiser und erreichen nach insgesamt 6,8 km eine weitere Wegkreuzung. Hier folgen Sie dem nach links abzweigenden Weg, verlassen diesen aber nur wenige Meter später wieder nach rechts. Der nun folgende Weg führt Sie durch den 1898 angelegten König-Albert-Hain. Sie laufen – vorbei an einer romantischen Bogenbrücke – bis zur Reiterhalle und zum dahinter liegenden Jugendklub. Nach 8,3 km erreichen Sie Pegau bzw. die Leipziger Straße. Hier wenden Sie sich nach links und folgen den zunächst in das Stadtzentrum und später zum Bahnhof zeigenden Wegweisern zum Ziel der Wanderung.

④ Vom Kulkwitzer See nach Röcken – die Tour der Wanderphilosophen

Tour für Kultur- und Naturbegeisterte und Wanderphilosophinnen und -philosophen

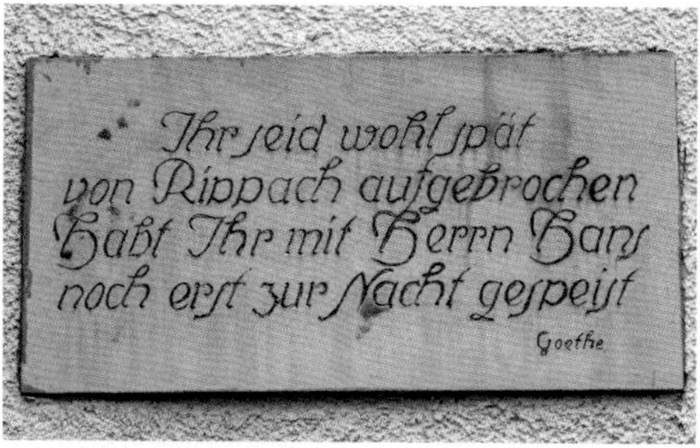

Zitat aus Goethes Faust I in Rippach

Die am Kulkwitzer See beginnende Wanderung führt auf einem 1998 stillgelegten Bahndamm bis nach Lützen. In unmittelbarer Nachbarschaft zur Stadt liegt das kleine, unscheinbare Dorf Röcken, der Geburtsort des Philosophen Friedrich Nietzsche.

→ Start: Straßenbahnhaltestelle „Lausen", GPS N 51°18.393' E 12°15.602';
Ziel: Bushaltestelle „Röcken" in Röcken, GPS N 51°14.504' E 12°07.007'

15,8 km

4 Std. 10 Min.

↑↓ 79 m/74 m

⇧ 114-132 m

zu Beginn kurzzeitig rot-weiße Markierungen, ab dem Kulkwitzer See Markierung des Elster-Saale-Radweges

bis zum Kulkwitzer See sandiger Fußweg, am Ufer des Sees weicher Wanderweg, danach auf asphaltiertem Untergrund (Radweg) und auf Fußwegen entlang einer Nebenstraße

Am Kulkwitzer See lädt die Gaststätte Klinke am Seeblick (km 0,9) zum Besuch ein. Entlang der Strecke gibt es zudem das Eiscafé Eisbär (km 13,6).

Entlang des ehemaligen Bahndamms gibt es mehrere, teilweise sogar überdachte Rastplätze.

Das Baden ist im Kulkwitzer See (km 0,3) möglich.

Am Ufer des Kulkwitzer Sees gibt es zahlreiche Spielmöglichkeiten. In Meuchen gibt es nur wenige Meter von der Kirche entfernt einen Spielplatz (km 10,5) und in Lützen können neugierige und unternehmungslustige Kinder zudem einen Kletterwald und einen kleinen Tierpark abseits des Weges besuchen.

Die Tour ist für die Mitnahme eines Kinderwagens gut geeignet.

Die Tour ist für Hunde sehr gut geeignet. Sie führt zum großen Teil durch eine sich weit ausbreitende Auen- und Wiesenlandschaft. Besondere Erwähnung verdient der Hundestrand am Kulkwitzer See.

P Sowohl am Start bzw. am Ufer des Kulkwitzer Sees als auch am Ziel gibt es Parkplätze.

Die Haltestelle „Lausen" am Start wird von der Straßenbahnlinie 1 alle 15 Min. angefahren (Endhaltestelle). Ab der Haltestelle „Röcken" am Ziel fährt die Buslinie 781 nach Lützen – Mo-Fr fährt der Bus stündlich, samstags nur um 7:08, 9:54 und 13:41 und sonntags nur um 10:48 und 15:04. In Lützen müssen Sie in den Bus Linie 165 nach Markranstädt umsteigen, der unter der Woche tagsüber stündlich und samstags und sonntags nur um 15:02 und 17:02 fährt. In Markranstädt haben Sie Anschluss an die S-Bahn nach Leipzig.

Von der Endhaltestelle der Straßenbahnlinie 1 in Leipzig-Lausen laufen Sie der rot-weißen Markierung folgend in westliche Richtung. Nach 300 m erreichen Sie den Elster-Saale-Radweg. Diesen überqueren Sie, sodass Sie an das östliche Ufer des Kulkwitzer Sees ❶ gelangen.

Am Ufer des Kulkwitzer Sees

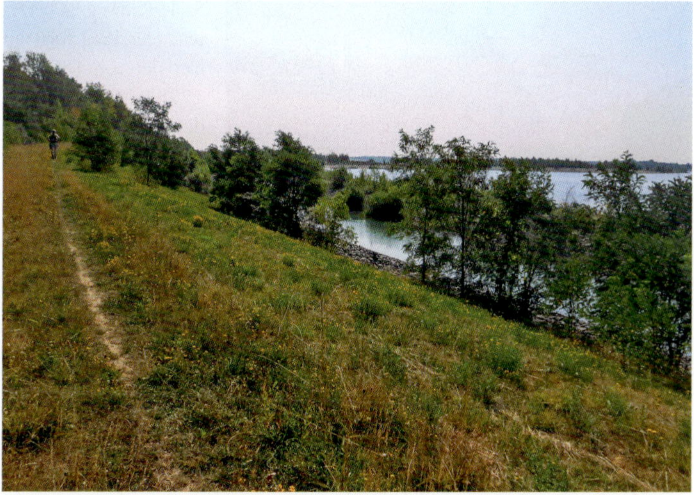

Der Kulkwitzer See

Da, wo sich heute bei schönem Wetter der Himmel im Wasser spiegelt und wo im Sommer Wassersportlerinnen und Wassersportler hohe Wellen schlagen, wurde ab 1846 unterirdisch und ab 1937 im Tagebau Braunkohle gefördert. Die 1963 eingeleitete Flutung des Tagebaus schuf zehn Jahre später das anerkannte Naherholungsgebiet. Der „Kulki" gehört auch aufgrund seiner sehr guten Wasserqualität, die z. B. beim Tauchen außergewöhnliche Sichtweiten bietet, zu den beliebtesten Ausflugszielen in der Region.

Am See angekommen laufen Sie in südliche Richtung und passieren dabei die Gaststätte ✗ Rotes Haus.

✗ Restaurant Rotes Haus am Kulkwitzer See, Salzweg 1, 04207 Leipzig,
☏ 03 41/710 76 48, 💻 www.rotes-haus-leipzig.de
🚪 Mo, Di Ruhetage, Mi-Fr 12:00-18:00 und Sa-So 11:00-18:00

Die Wehrkirche in Meuchen

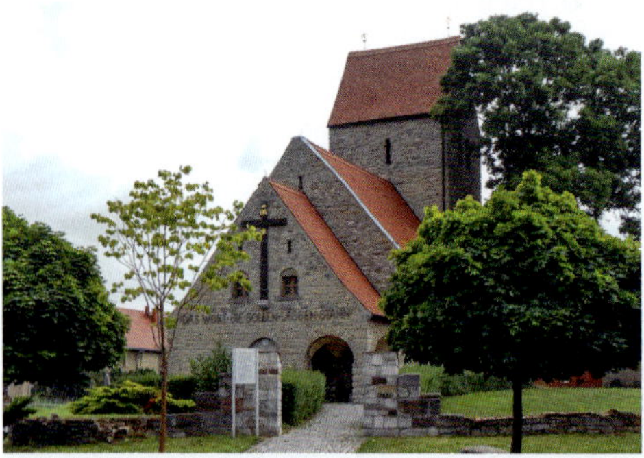

Sie laufen bis zum Ende des Ostufers, wo Sie nach links abzweigen und den ✎ Elster-Saale-Radweg ❷ betreten. Der Weg folgt ab hier der von 1897 bis 1998 existierenden und der einst von Leipzig-Plagwitz nach Pörsten führenden Bahnstrecke. Nach 10 km erreichen Sie Meuchen. An einer Kreuzung biegen Sie nach links in die Clara-Zetkin-Straße ab, die in das Ortszentrum führt. Hier steht eine zu Beginn des 13. Jh. im spätromanischen Stil erbaute ✝ Wehrkirche ❸. Im November 1632 wurde hier der Leichnam des in Lützen gefallenen Schwedenkönigs Gustav II. Adolf von Schweden aufbewahrt.

Sie laufen zurück zur Kreuzung und biegen nach links ab. Meuchen verlassen Sie nun auf dem Bahndamm und nach weiteren 2 km erreichen Sie die Kleinstadt Lützen.

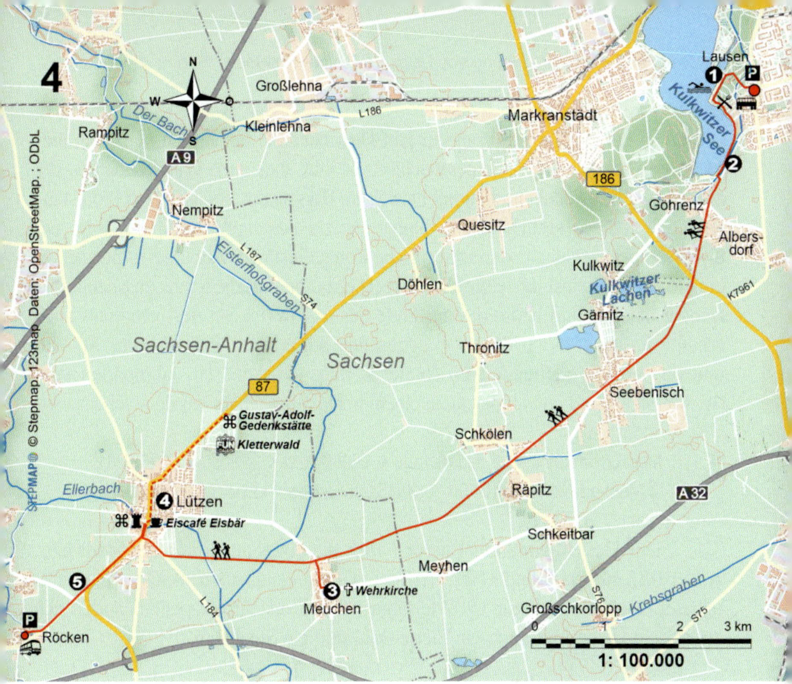

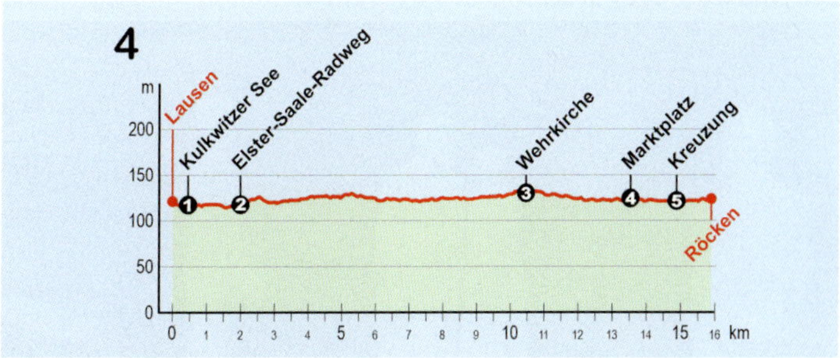

Hier angekommen folgen Sie zunächst der Pappenheimstraße, die Sie nach 300 m zum Marktplatz führt ❹. Entlang der B87 laufen Sie Richtung Norden zum ☕ Eiscafé Eisbär.

☕ Eiscafé Eisbär, Schlossstraße 17, 0668 Lützen, ☏ 03 44 44/229 39, 💻 www.eiscafeeisbaer.de, 🚪 Di-So 13:00-20:00

Lützen

Lützen im Dreißigjährigen Krieg: Es gibt Historiker, die behaupten, dass sich hier 1632 das grausame Gemetzel entschied. Es gibt aber auch Wissenschaftler, die diese These bezweifeln und darauf hinweisen, dass sich Katholiken und Protestanten noch weitere sechzehn Jahre unbarmherzig bekämpften und dass hier am 6. November „lediglich" der schwedische König Gustav II. Adolf gestorben sei. In Lützen, wo sich einst die letzte Pferdewechselstation und die letzte Ausspanne vor Leipzig befand, sind heute das am Ende des 19. Jh. im Stil der Neorenaissance erbaute Rathaus, die 1488 im spätgotischen Stil erbaute ✝ Stadtkirche St. Vith und die im 13. Jahrhundert errichtete ♜ Burg – die im 16. Jahrhundert vom Bischof Sigismund von Lindenau zu einem Schloss umgebaut wurde – sehenswert.

⌘ Museum im Schloss, Schlossstraße 4, 06686 Lützen, ☏ 03 44 44/202 28,
März bis November Di-So 10:00-16:00, April bis Oktober Di-So 10:00-17:00

☺ Eine Besichtigung lohnt jedoch auch die etwas außerhalb der Stadt bzw. an der B87 stehende und 1837 errichtete Gustav-Adolf-Gedenkstätte. In unmittelbarer Nachbarschaft zur 1907 fertiggestellten Gedächtniskapelle befinden sich zudem ein kleiner Tierpark, ein Kletterwald und ein Steakhaus.

Das „Röckener Bacchanals"

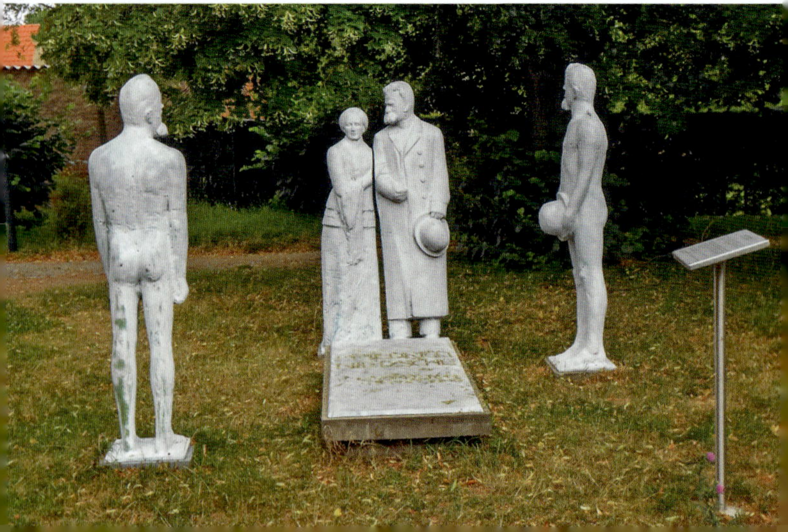

⌘ Gustav-Adolf-Gedenkstätte, Gustav-Adolf-Straße 42, 06686 Lützen,
💻 www.stadt-luetzen.de, 🚪 Di-So 10:00-16:00

Tierpark Lützen, Gustav-Adolf-Straße, 06686 Lützen, ☏ 01 70/332 77 84,
🚪 tägl. 9:00-18:00

Kletterwald Lützen, Doktor-Bengt-Hellekant-Platz, 06686 Lützen,
☏ 01 73/199 92 24, 💻 www.kletterwaldluetzen.de,
🚪 April-Oktober, Di-So 10:00-19:00

✕ Steakhaus Parkrestaurant, Gustav-Adolf-Straße 38, 06686 Lützen,
☏ 03 44 44/206 79, 💻 www.parkrestaurant-luetzen.de, 🚪 Di-So 11:00-22:00

Vom Eiscafé Eisbär folgen Sie dem Fußweg entlang der Hauptstraße zurück in Richtung Weißenfels. Sie verlassen die Stadt Lützen dann, indem Sie dem rechts von der B87 verlaufenden Radweg in südwestlicher Richtung folgen. An der nächsten Straßenkreuzung ❺ folgen Sie dem nach Röcken zeigenden Wegweiser. Im Ort angekommen bleiben Sie auf dem Radweg, der Sie zum Geburtshaus und zum Grab des Philosophen Friedrich Nietzsche führt.

Friedrich Nietzsche

Wurde der Philosoph, der im Sommer die klare Luft der Alpen liebte und der sich im Winter nach der Wärme und nach dem Licht des Südens sehnte, wirklich hier in diesem Provinznest geboren? Der Gedanke, dass es zwischen dem winzigen, scheinbar von der Welt vergessenen Dorf und einem der einflussreichsten Denker des 19. Jh. eine Verbindung gibt, erscheint absurd. Und dennoch war es so: Friedrich Nietzsche wurde 1844 wirklich hier in Röcken geboren! Im Ort befindet sich auch sein Grab. Dies ist ebenso bemerkenswert, schließlich starb der Philosoph 1900 nicht hier, sondern in Weimar. Und seine Ruhestätte ist auch neben der seiner Schwester, dabei war der Philosoph mit ihr – die als Elisabeth Förster-Nietzsche seine Schriften nach seinem Tod verfälscht herausgab und sich in den 30er-Jahren des letzten Jahrhunderts als eine überzeugte Antisemitin den Nazis anbiederte – Zeit seines Lebens durch eine Hassliebe symbiotisch verbunden.

Ich, der ich an einem regnerischen Sonntagvormittag an seinem Grab stand, wünsche dem im Alter von 45 Jahren wahnsinnig gewordenen Sachsen – der überdrehten Nationalismus als Kleingeistigkeit verspottete und der als bekennender „Europäer" eine Welt der schöpferischen und unabhängigen freien Geister erträumte – den ewigen Frieden.

🕮 Friedrich Nietzsche, Der Wanderer und sein Schatten, Köln, 2012

⌘ Friedrich-Nietzsche-Gedenkstätte, Teichstraße 8, 06686 Lützen, OT Röcken,
☏ 03 44 44/235 40, ✉ info@nietzsche-verein.de,
💻 www.nietzsche-gedenkstaette.de,
🚪 jeden zweiten und letzten Sonntag im Monat: 13:00-17:00

Von der ✞ beeindruckenden Wehrkirche und den von Klaus Messerschmidt entworfenen Skulpturen des ⌘ „Röckener Bacchanals", die sich hier befinden, sind es nur 200 m bis zur 🚌 Bushaltestelle, dem Ziel der Wanderung. Diese befindet sich an der Bundesstraße in Sichtweite des Grabs. Von hier gelangen Sie mit dem Bus nach Markranstädt oder bis zum Ufer des Kulkwitzer Sees, dem Ausgangspunkt dieser Tour.

↳ ☺ Tipp zum Weiterwandern

Nur wenige Kilometer in westlicher Richtung von Röcken entfernt liegt das beschauliche Rippachtal mit den Dörfern Poserna (ca. 5 km) und Rippach (ca. 4,5 km). Ein Besuch dieser Orte lohnt sich. In Poserna steht das ⌘ Geburtshaus von Johann Gottfried Seume, der 1801 mit dem Buch „Spaziergang nach Syrakus" die moderne Reiseliteratur mitbegründete. In Rippach steht das Gasthaus Zum blauen Schwan, das Goethe im ersten Teil des „Faust" in der Szene „Auerbachs Keller" literarisch verewigte.

🕮 Johann Gottfried Seume, Spaziergang nach Syrakus, München, 2015

Sächsische Freigeister

Da ist einer,
der bindet sich eines Tages die Schuhe
und läuft nach Süden.
Er überwindet Grenzen und Schranken
und kennt keine Kriege.

Ein anderer
wagt eines Tages das freie Denken.
Er wandert einsam mit seinem Schatten,
schreibt die Genealogie der Moral
und kommt sich und Europa auf dem Grund.
(Thomas Nitschke)

⑤ Die Weintour I – von Naumburg bis Freyburg

Tour für Natur- und Kulturbegeisterte und für Jüngerinnen und Jünger des Dionysos

Der Maler Max Klinger verglich die zwischen Naumburg und Freyburg gelegene Hügellandschaft mit der Toskana. Und wahrlich, die unterhalb des Blütengrundes vollzogene Mündung der Unstrut in die Saale fügt sich ebenso malerisch in die von Weinbergen und sanften Wiesen geprägte Umgebung ein wie das bei Großjena stehende Weinberghaus des Künstlers.

→ Start: Bahnhof Naumburg, GPS N 51°09.750' E 11°47.770';
Ziel: Bahnhof Freyburg, GPS N 51°12.548' E 11°46.042'

13,4 km

3 Std. 35 Min.

206 m/203 m

101-198 m

Die Tour verläuft zunächst auf dem mit einer gelben Muschel auf blauem Hintergrund gekennzeichneten Jakobsweg. Später folgt die Route der blau-weißen Markierung des Saale-Radweges, der grün-weißen Markierung eines durch den Blütengrund führenden Wanderweges sowie dann wieder dem Jakobsweg bzw. dem Saale-Radweg.

bis zum Ufer der Saale gut angelegte Fußwege, danach auf Radweg, bis zum Blütengrund kurzzeitig am Rand einer Straße, oberhalb des Blütengrundes sandiger Fußweg und Waldweg, danach bis Freyburg auf Radweg mit asphaltiertem Untergrund

Kunis Wasserschlösschen (km 2,7), Biergarten auf dem Campingplatz Blütengrund (km 3,3), Naumburger Wein- und Sektmanufaktur und Gasthaus Zur Henne (km 5,1), entlang der Unstrut mehrere Weingüter und Straußwirtschaften, wie z. B. Max-Klinger-Haus mit Weinbergcafé (km 9,3), Restaurant Burgmühle (km 13)

Am Ufer der Unstrut und Saale sowie im Blütengrund gibt es zahlreiche Bänke und Raststätten und eine Blockhütte am Naturlehrpfad.

Für Kinder ist der Weg sehr gut geeignet. Es gibt eine Minigolfanlage in Kunis Wasserschlösschen (km 2,9), einen Spielplatz auf dem Campingplatz Blütengrund (km 3,3) und einen Reiterhof in Großjena (km 10,4).

Für die Mitnahme eines Kinderwagens ist nur die kurze Tour geeignet.

Ihre vierbeinigen Freunde werden Ihnen, da sich auf dem Campingplatz Blütengrund ein Hundespielplatz befindet und der Weg oberhalb des Blütengrundes durch einen Wald verläuft, für diese Tour dankbar sein.

Sowohl am Bahnhof in Naumburg als auch am Bahnhof in Freyburg gibt es zahlreiche Parkmöglichkeiten.

Zwischen Leipzig und Naumburg und zwischen Freyburg und Naumburg verkehren tagsüber stündlich Züge.

Nach dem Verlassen des Naumburger Bahnhofs wenden Sie sich zunächst nach rechts in Richtung des Parkplatzes und umrunden diesen, um dann auf der Brücke die Gleise zu überqueren und stadtauswärts zu laufen.

Nur ca. 200 m vom Bahnhof entfernt ist die Endhaltestelle der in das Stadtzentrum fahrenden Straßenbahn, www.naumburger-strassenbahn.de. In Naumburg sind die Besichtigungen des Doms, des Stadtmuseums und des Nietzsche-Hauses empfehlenswert.

Unmittelbar nach der Überquerung der Eisenbahngleise verlassen Sie auf dem rechts abzweigenden Jakobsweg die Straße. Der Weg führt Sie durch einen kleinen Vorort und von dort auf eine von Eichen und Linden begrenzte Allee. Sie folgen dieser und gelangen nach insgesamt 1,5 km an das Ufer der Saale bzw. zur ehemaligen Alten Badeanstalt ❶. Nun wenden Sie sich nach rechts und erreichen dann den Fährgarten von Kunis Wasserschlösschen, zu dem Sie mit einer Fähre, die Sie unter der Telefonnummer des Wasserschlösschens rufen können, übersetzen können.

Kunis Wasserschlösschen, Zum Wasserschlösschen 1, 06618 Naumburg, OT Kleinjena, 034 45/289 40, www.kunis-wasserschloesschen.de, Mai-Oktober tägl. 11:00-21:00, November-April Mi-Mo 12:00-20:00

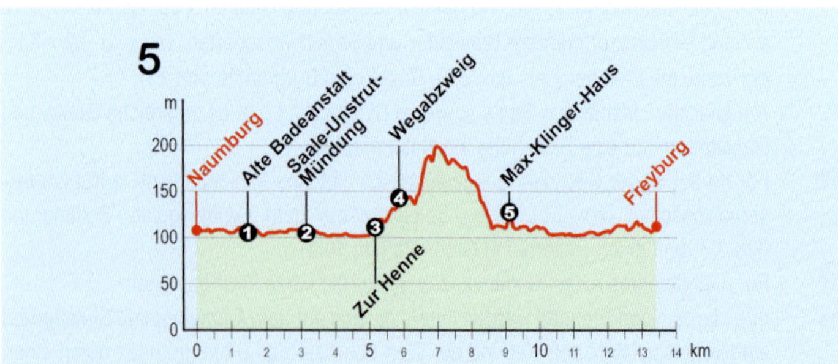

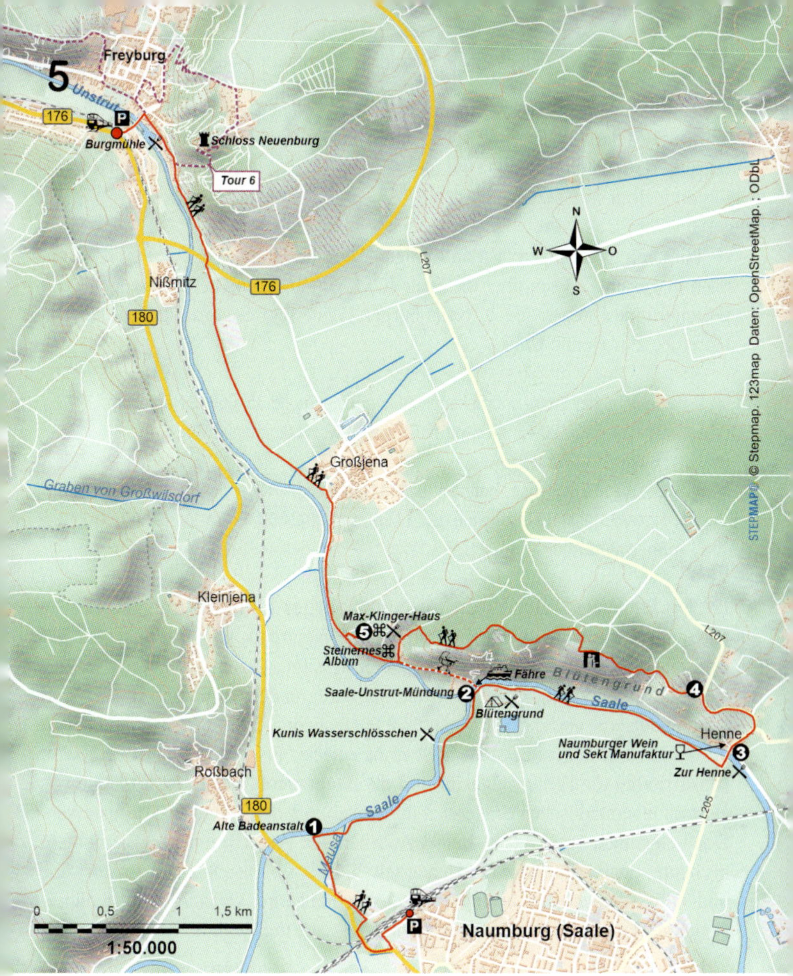

Nach insgesamt 3,3 km gelangen Sie dann zu dem ⛺ ✕ Campingplatz Blütengrund und dem Zusammenfluss von Unstrut und Saale ❷.

✕ Biergarten auf dem Campingplatz Blütengrund, Blütengrund 6, 06618 Naumburg/Saale, ☎ 034 45/26 11 44, 💻 www.campingplatz-naumburg.de, 🚪 Di-So 13:00-21:00

Falls Sie die Tour mit einem Kinderwagen planen, dann können Sie bereits an dieser Stelle mithilfe einer Fähre die Saale überqueren (http://www.naumburg.de/de/schifffahrt.html). Und am anderen Ufer können Sie die bis Freyburg führende Tour fortsetzen.

Für die etwas längere Variante folgen Sie dem Uferweg bis zur Brücke, die nach insgesamt 5,1 km über die Saale führt. Am anderen Ufer bzw. am Fuß des Blütengrundes stehen die Naumburger Wein- und Sektmanufaktur und das Hotel Zur Henne ❸.

Naumburger Wein- und Sektmanufaktur, Blütengrund 35, 06615 Naumburg, 034 45/20 20 42, www.saale-unstrut-wein.com/manufaktur, tägl. 11:00-18:00

Gasthaus Zur Henne, Henne 1, 06618 Naumburg, OT Henne, 034 45/232 60, www.gasthaus-zur-henne.de, Mo-Do 11:00-24:00, Fr-Sa 11:00-1:00, So 11:00-23:00

Bier oder Wein? Der Streit im Naumburger Blütengrund

Der zum Saale-Unstrut-Triasland zugehörige Naturpark ist reich gesegnet mit landschaftlichen und kulturellen Sehenswürdigkeiten. Zwei davon stehen unterhalb des Blütengrunds. Gemeint ist die 1856 gegründete Naumburger Sekt- und Weinmanufaktur und die 1859 gegründete Hennebrauerei. Dass sich die Gebäude unmittelbar gegenüberstehen, ist nicht zufällig. Bis zum Beginn des 20. Jh. konkurrierten die Weinmanufaktur und die Bierbrauerei, die 1912 als letzte von einst elf innerstädtischen Brauereien übrig blieb, um die Gunst der Konsumenten. Doch eigentlich besteht der Konflikt zwischen den Winzern und den Bierbrauern bis heute, denn während in der Henne seit 2014 das bernsteinfarbene, naturtrübe und süffig schmeckende Naumburger Bier gebraut wird, verkauft die gegenüberliegende Manufaktur seit 2002 Wein und Sekt aus der Region.

Die Brauerei und die Manufaktur verlassen Sie am Rand einer sich bergauf windenden Straße. Nach 200 m erreichen Sie eine Gabelung. Hier halten Sie sich links und laufen weiter bergauf. Nach insgesamt 5,9 km erreichen Sie den links von der Straße abzweigenden Weg An der Glocke ❹. Dieser führt Sie in den Weinberg und schließlich in den oberen Abschnitt des Blütengrundes. Hier haben Sie, bevor der Weg in einen angrenzenden Wald mündet, einen wunderbaren Blick auf die Weinberge und auf das im Tal liegende Naumburg.

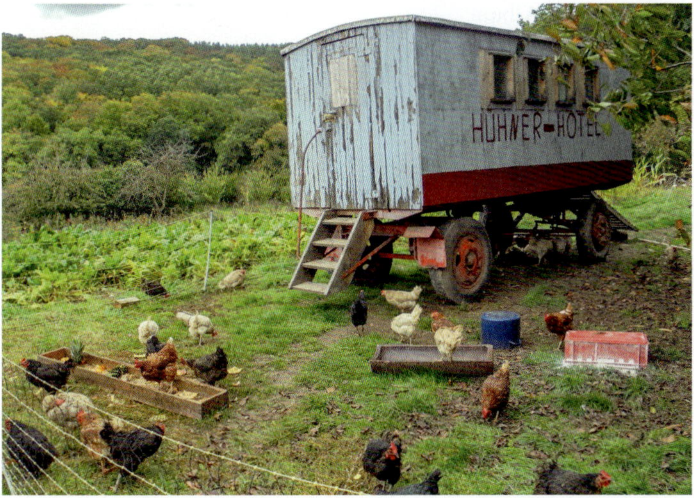

Hühnerhotel am Weinberg

Im Wald orientieren Sie sich an den am Wegesrand aufgestellten Holzwegweisern mit der Aufschrift „Waldweg". Der Weg, der sich zuweilen stark verengt und in einen schmalen Pfad übergeht, verläuft begrenzt von Buchen, Linden und Eichen bergauf bis zu einem Rondell. Hier halten Sie sich links und betreten eine schmale, durch den Wald führende Straße, die Sie wenige Meter später auf die Maximalhöhe von 202 m bringt und wo Sie den ✎ grün-weiß markierten Rundwanderweg der Neuenburg erreichen. Hier halten Sie sich links und sehen nur wenige Hundert Meter weiter auf der rechten Seite des Weges einen ⩚ Rastplatz und eine von Naturfreundinnen und Naturfreunden aufgestellte ⌂ Blockhütte. Der Rastplatz offenbart sich aber auch als ein Bestandteil eines Naturlehrpfades. Sie folgen dem mit mehreren Hinweisschildern zum Thema „Wald" ausgestatteten Pfad, bis Sie schließlich eine abwärts führende Holztreppe erreichen. Die Treppe führt Sie in eine Senke. Hier angekommen wenden Sie sich nach links und folgen der grün-weißen Markierung, bis Sie nach insgesamt 8,7 km das Ufer der Unstrut erreichen. Die ✎ Markierung des Jakobsweges führt Sie nun flussaufwärts bis Großjena und danach bis Freyburg. Bevor Sie jedoch die Städte erreichen, warten auf Sie zwei kulturelle Kostbarkeiten: Zunächst kommen Sie an das sogenannte ⌘ Steinerne Album.

Das Steinerne Album

Am Ufer der Unstrut sind unterhalb des Blütengrundes ungewöhnliche Reliefs auf zwölf Steinplatten gezeichnet. Ihr Schöpfer war ein bis heute unbekannt gebliebener Bildhauer, der im März 1722 vom Juwelier Christian Steinauer den Auftrag zur Herstellung der Kunstwerke erhielt. Während zehn Reliefs biblische Weingeschichten – wie z. B. den Rausch Lots, Noah als ersten Weinbauer und die Hochzeit von Kana – zeigen, stellt das elfte Bild eine Fuchsjagd dar und das zwölfte den von Steinauer verehrten Herzog Christian als Jäger. ☺ Da die Reliefs vergilbt sind, hat der regionale Heimatverein die Abbildungen auf Holztafeln nachgezeichnet.

Den Steinreliefs bzw. den am Wegesrand aufgestellten Holztafeln folgt nach 500 m das auf einem Weinberg stehende ⌘ ✕ Haus von Max Klinger ❺.

⌘ ✕ Max-Klinger-Haus, Blütengrund 3, 06618 Naumburg, ☏ 034 45/23 08 23, 💻 www.museumnaumburg.de, 🚪 März-Oktober Di-So 10:00-17:00

Max Klinger und das bei Großjena am Ufer der Unstrut stehende Weinberghaus

Max Klinger verehrte Friedrich Nietzsche. Der 1857 in Leipzig geborene Künstler, der 1902 mit der Beethovenskulptur sein wohl bekanntestes Kunstwerk schuf, liebte jedoch auch die Musik von Richard Wagner und den zwischen Naumburg und Freyburg liegenden Blütengrund.

Hier schuf er für sich und für die Schriftstellerin Elsa Asenijeff auf einem bei Großjena sanft in die Höhe ragenden Weinberg ein Paradies („Hier ist es ja wie in der Toscana, nur näher!"; Zitat von Max Klinger über den Blütengrund).

Das Glück währte jedoch nur wenige Jahre, da sich Klinger 1913 in ein siebzehnjähriges Mädchen verliebte. Es folgte die Katastrophe. Denn während Klinger nach einem 1919 erlittenen Schlaganfall von seiner neuen Muse immerhin bis zu seinem ein Jahr später folgenden Tod liebevoll gepflegt wurde, stürzte Asanijeff – die 1941 in einer Pflegeanstalt bei Freiberg starb – zunächst in die Armut und später in den Wahnsinn.

Der Weinberg bei Großjena ist heute dennoch eine Pilgerstätte für Fans des Malers. Auch können die Grabstätte, eine Weinstube und ein Museum besucht werden.

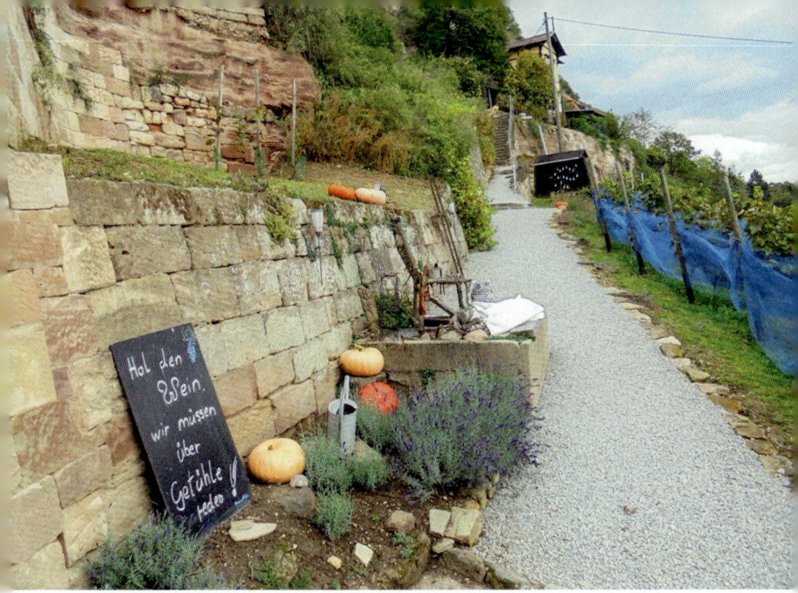

Weinbergimpressionen

Nach der Besichtigung des Weinberges folgen Sie ein weiteres Mal der flussaufwärts führenden Markierung des Jakobsweges. Diese führt Sie in den Ort Großjena und schließlich nach Freyburg. Sie passieren das ✕ Restaurant Burgmühle.

✕ Restaurant Burgmühle, Mühlstraße 10, 06632 Freyburg, ☏ 03 44 64/37 95 55, Mi, So, Mo, Do 12:00-21:00, Fr 12:00-22:00, Sa 12:00-23:00

Dann überqueren Sie auf einer Brücke die Unstrut und folgen danach den zum Bahnhof weisenden Markierungen.

6 Die Weintour II – von Freyburg bis Laucha

Tour für Jüngerinnen und Jünger des Dionysos sowie Fans der Mineralogie und der Geologie

Dies ist eine Wanderung für Weinliebhaber und Genießer! Grau-weiße Kalksteinhänge wechseln sich mit prächtigen, scheinbar in der Luft schwebenden Weinbergen ab. Besonders im Herbst, wenn sich die sanft in das Tal gleitenden Weinberghänge mit dem Grün der Weintrauben schmücken, künden die roten Blätter des Weinlaubes von der Zeit der Lese. Ja, während der Sonnentage des Altweibersommers offenbart sich die Wanderung als ein kostbarer Genuss.

→ Start: Bahnhof Freyburg, GPS N 51°12.553' E 11°46.035';
Ziel: Bahnhof Laucha, GPS N 51°13.409' E 11°40.774'

12 km

3 Std. 10 Min.

↑↓ 349 m/348 m

⇧ 104-216 m

Die Wege des Geopfades, der Unstrut-Weinroute und des Schweigenberg-Wanderweges sind grün-weiß markiert. Der Feengrotten-Kyffhäuser-Fernwanderweg und der Unstrut-Radweg sind blau-weiß markiert. Oberhalb des Edelackers verläuft der Weg zudem einige Hundert Meter auf dem mit einer blau-gelben Pilgermuschel markierten ökumenischen Jakobsweg.

durch Freyburg auf Fußwegen entlang von Nebenstraßen, danach auf schmalem Pfad und auf Waldweg sowie größtenteils auf Wanderwegen mit weichem und sandigem Untergrund, nur am Ende der Tour auf Wegen mit Asphalt

Weinstube Deckert (km 1), Berghotel Edelacker (km 1,8), Burgwirtschaft auf Schloss Neuenburg (km 2,5), Restaurant Burgmühle (km 3,2) und die Weinstube Pawis (km 6,7). Abseits des Weges finden Sie an der Mühle Zeddenbach und in Laucha weitere Einkehrmöglichkeiten.

Entlang der Unstrut-Weinroute bzw. am Ufer des Flusses stehen zahlreiche Bänke, auch gibt es hier sowie entlang der anderen Wege viele Rastplätze, z. B. am Schweigenberg und am Ortseingang von Freyberg.

In Freyburg gibt es abseits des Weges ein Freibad.

Für Kinder ist diese Tour sehr gut geeignet. Während der Pfingstfeiertage und am 3. Oktober lädt auf dem Schloss Neuenburg ein mittelalterlicher Jahrmarkt ein; auch wird der Blick in den Schlund des 100 m tiefen Burgbrunnens (km 2,6) Ihre Kinder begeistern. Auf dem ehemaligen Klostergut in Zscheiplitz (km 6,9), im Weindorf Weischütz (km 10,1) und in Laucha an der Unstrut (km 11,8) gibt es Spielplätze.

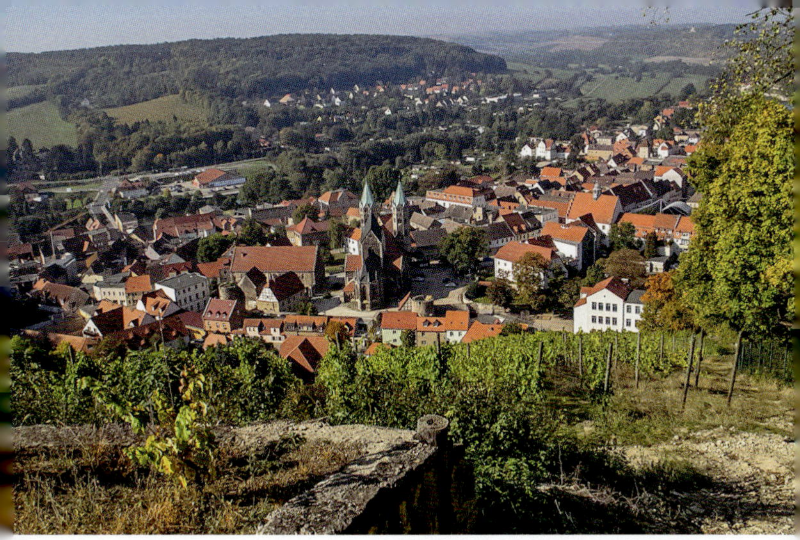

Blick vom Edelacker auf Freyburg

Für Kinderwagen ist die Tour nicht geeignet, weil sie teilweise auf engen Pfaden und über steiniges und steiles Gelände verläuft.

Hunde werden sich auf dieser Tour wohlfühlen, da vor allem die Strecke vom Weingut Pawis nach Laucha über sich weit erstreckende Wiesen und Felder verläuft.

In Freyburg wird jedes Jahr im September die Weinkönigin des Saale-Unstrut-Gebietes gekürt.

Sowohl am Bahnhof in Freyburg als auch am Bahnhof in Laucha gibt es viele Parkplätze.

Von Leipzig nach Naumburg und weiter von Naumburg bis Freyburg verkehren tagsüber stündlich Züge. Von Laucha nach Naumburg und von dort zurück nach Leipzig fahren bis 19:00 stündlich Züge. Von Laucha kommen Sie mit dem Zug auch stündlich zurück nach Freyburg.

Vom Bahnhof Freyburg laufen Sie in Richtung Stadtzentrum. Sie überqueren die Unstrut und folgen unmittelbar vor dem ehemaligen Gasthaus Zur Haldecke der nach links abzweigenden Wasserstraße. Diese führt Sie bis zum Postamt, wo Sie in die zum Markt verlaufende Marienstraße abbiegen. Auf dem Marktplatz – vor dem Sie in die Kirchstraße abbiegen – steht das im 15. Jahrhundert erbaute Rathaus und die im 13. Jahrhundert erbaute Stadtkirche St. Marien. Hier finden Sie auch eine Tourismusinformation.

Tourismusinformation, Markt 2, 06632 Freyburg, ☏ 03 44 64/272 60, www.freyburg-tourismus.de, Januar-April Mo-Do 9:00-14:00, Fr 9:00-12:00 und 13:00-16:00, Sa 9:00-12:00, Mai-Dezember Mo-Do 9:00-15:00, Fr 9:00-12:00 und 13:00-17:00, Sa 9:00-14:00

Die Kirchstraße führt Sie schließlich bis zum Jahnplatz, dem Ort, an dem einst auch der „Turnvater Jahn" wohnte.

Das Friedrich-Ludwig-Jahn Museum ist nur 200 m entfernt von hier!

Der Turnvater Friedrich Ludwig Jahn

Ich habe sie als kleiner Junge gehasst: das Reck, den Barren, den Bock, die Ringe und die graue, verstaubte Turnmatte! Vor 200 Jahren verkörperten sie – und nicht das aus England stammende Fußballspiel – die sogenannten deutschen Tugenden. Und erfunden hat sie der im 19. Jahrhundert von deutschen Patrioten zum Freiheitskämpfer und zur Ikone stilisierte Friedrich Ludwig Jahn. Dabei war der „Turnvater" in Wahrheit alles andere als ein friedvoll und erst recht kein demokratisch gesinnter Mann.

Die Deutschen verdanken ihm die ersten öffentlichen antisemitischen Schmähungen und den Gruß „frisch, fromm, fröhlich, frei", der später zum Schlagwort der nationalistisch und völkisch gesinnten Turnbewegung mutierte. Jahn weihte 1811 in Berlin-Hasenheide den ersten öffentlichen Turnplatz ein und wurde 1848 von antisemitisch gesinnten Nationalisten in das Paulskirchenparlament gewählt. 1852 starb er in Freyburg.

⌘ Friedrich-Ludwig-Jahn-Museum, Schlossstraße 11, 06632 Freyburg, ☏ 03 44 64/274 26, www.jahn-museum.de, April-Oktober Di-So 10:00-17:00 und November-März Di-Sa 10:00-16:00

Sie biegen nach links ab und kommen auf die Schützenstraße. Sie laufen vorbei an der Friedrich-Ludwig-Jahn-Schule und der Weinstube Deckert bis zum Schützenplatz.

Weinstube Deckert, Schützenstraße 5, 06632 Freyburg, ☏ 03 44 64/272 82, www.weingut-deckert.de, Mai-Oktober Fr und Mo 17:00-21:00 und Sa und So 14:00-20:00

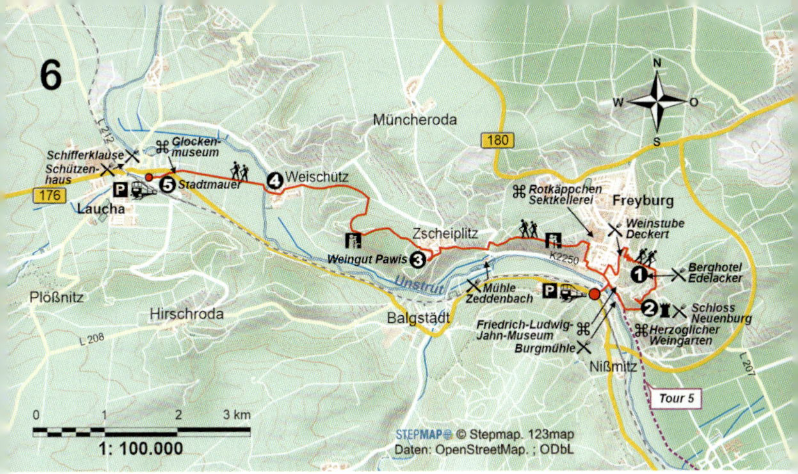

Unmittelbar davor führt Sie rechts ein kleiner Pfad in den Wald. Der Weg, der mit der ✎ grün-weißen Markierung des Weinlehrpfades gekennzeichnet ist, leitet Sie in Serpentinen auf das obere Ende des Edelackers. Von hier haben Sie einen atemberaubenden Blick auf den Weinberg, auf das im Tal liegende Freyburg und auf die sich durch das Tal windende Unstrut. Am Wegesrand stehen zudem Tafeln mit Informationen zur Unstrut-Trias-Landschaft. Der Weg führt Sie schließlich bis zum ✕ Berghotel Edelacker ❶.

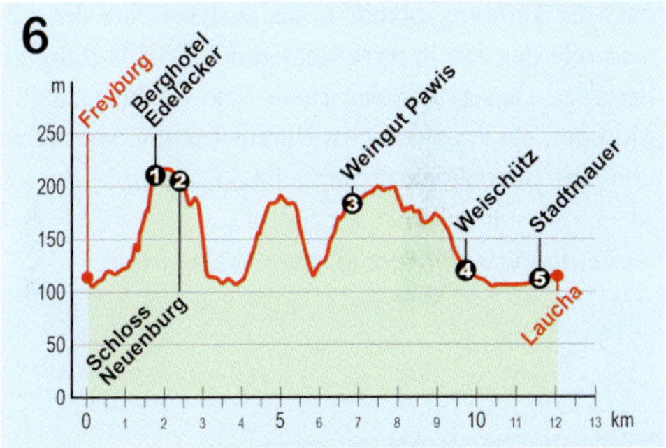

✕ Berghotel Edelacker, Schloss 25, 06632 Freyburg, ☏ 03 44 64/350, www.edelacker.de, Mo-Do 12:00-21:30, Fr-Sa 12:00-22:30 und So 12:00-21:30.

Anschließend folgen Sie dem Weinlehrpfad weiter bis zum ✕ Schloss Neuenburg ❷.

Schloss Neuenburg, Schloss 1, 06632 Freyburg, ☏ 03 44 64/355 30, April-Oktober tägl. 10:00-18:00 und November-März Di-So 10:00-17:00

Burgwirtschaft, Schloss 1a, 06632 Freyburg, ☏ 03 44 64/36 83 80, www.burgwirtschaft.de, März-Oktober tägl. 10:00-18:00 und November-Februar Di-So 11:00-16:00

Das Schloss Neuenburg

Die Neuenburg war einst bedeutender als die Wartburg! Das aus Mainfranken stammende Adelsgeschlecht der Ludowinger war der erste Burgeigentümer. Es folgten in der Mitte des 13. Jh. die Markgrafen aus Meißen und diesen, nach der Leipziger Teilung von 1485, die albertinischen Wettiner. Diese wurden im 16. Jahrhundert von den Herzögen von Sachsen-Weißenfels beerbt und ab 1815 von den preußischen Königen. Während der Jahre des real existierenden Sozialismus lag die Burg in einem Dornröschenschlaf. Baugeschichtlich ist erwähnenswert, dass die Kernburg bereits in der ersten Hälfte des 12. Jh. und die Vorburg erst am Ende des 12. Jh. errichtet wurden. Zur Vorburg gehört auch der 23 m hohe Bergfried Dicker Wilhelm. Heute sind die Burgräume an ein burggeschichtliches Museum, ein Wein- und ein Uhrenmuseum, eine archäologische Forschungsstelle und eine Burgwirtschaft vermietet.

Am Eingang zum Herzoglichen Weingarten

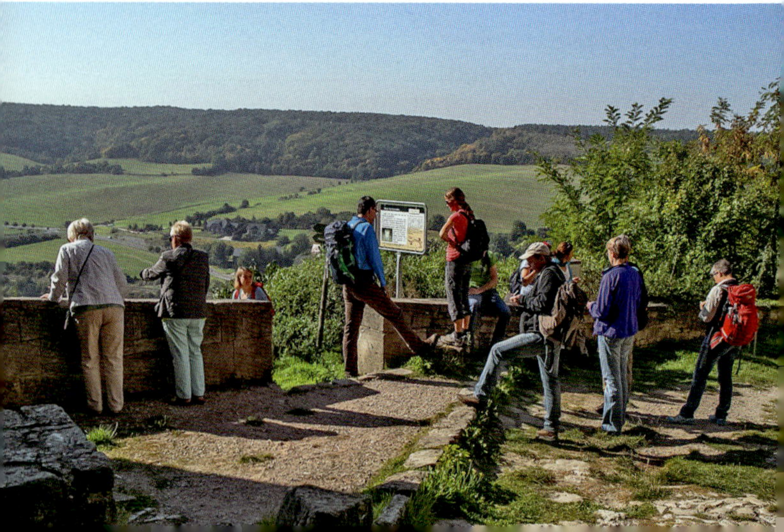

Bevor Sie die Neuenburg durch das Südtor verlassen, lohnt sich ein Blick in den 104 m tiefen Brunnen. Nur wenige Meter weiter zweigt ein Pfad links vom Weg ab. Der Pfad führt Sie durch den Herzoglichen Weingarten. Im 1774 vom kursächsischen Steuereintreiber Carl Gottlieb Bertel angelegten Garten wachsen bis heute die Reben des Weißburgunders, des Silvaners und des blauen Spätburgunders. Der Naturpark Saale-Unstrut-Triasland organisiert Führungen durch den Weingarten und betreibt das Weinberghaus.

⌘ Herzoglicher Weingarten, Mühlstraße 23, 06632 Freyburg, ☏ 03 44 64/664 31, www.herzoglicher-weinberg.de, April-Oktober Sa und So 14:00-17:00 und Fr 15:00-17:00. Führungen mit einer Weinprobe können telefonisch angemeldet werden.

Unterhalb der Terrassen führen Sie Serpentinen bis in eine Senke. Hier wenden Sie sich nach rechts und betreten einen bergab führenden Pfad. Am unteren Ende des Weinberges bzw. auf der Mühlstraße angekommen folgen Sie der Straße nach rechts stadteinwärts. Nach insgesamt 3,2 km blicken Sie auf ein ⌘ 1889 erbautes und 1958 stillgelegtes Kraftwerk samt einer dahinter liegenden Dampferanlegestelle. Zum Areal gehört auch das ✕ Restaurant Burgmühle.

✕ Restaurant Burgmühle, Mühlstraße 10, 06632 Freyburg, ☏ 03 44 64/37 95 55, Mi, So, Mo, Do 12:00-21:00, Fr 12:00-22:00, Sa 12:00-23:00

Sie folgen weiter der Straße und laufen in Richtung Stadtzentrum, wo Sie zunächst die Wasserstraße und wenig später die sogenannten Eckstädter Gärten betreten.

Freyburg

Freyburg ist ein „Kind“ der über der Stadt thronenden Neuenburg. Der ersten urkundlichen Erwähnung im Jahr 1203 folgten 60 Jahre später das Stadtrecht und die damit verbundene Namensgebung. Freyburg, das 1485 im Besitz der sächsischen Albertiner war und ab 1815 zu Preußen gehörte, beeindruckt bis heute mit einem mittelalterlichen Charme. Besondere Sehenswürdigkeiten sind das 1425 erbaute Rathaus, die im 13. Jahrhundert erbaute ✝ Stadtkirche St. Marien, die mit einem geschnitzten Altar und mit dem über dem Haupteingang angebrachten Tympanon beeindruckt, und die seit 1894 bestehende Rotkäppchen-Mumm-Sektkellerei, die Sektverkostungen und Führungen durch ihren fünfstöckigen, in den Felsen gehauenen Keller anbietet.

Am Eckstädter Platz wenden Sie sich zunächst nach rechts, um nur wenige Meter später, das heißt noch bevor Sie an der Stadtmauer und am Eckstädter Tor vorbeilaufen, die nach links abzweigende Gasse mit dem sonderbaren Namen Hühnerjagd zu betreten.

Die Gasse führt durch eine Kleingartenanlage und endet schließlich auf der vom Stadtzentrum kommenden Gartenstraße.

➭ Rechts gelangen Sie zur ⌘ Rotkäppchen-Mumm-Sektkellerei.

⌘ Rotkäppchen-Mumm-Sektkellerei, Sektkellereistraße 5, ☏ 03 44 64/340, 💻 www.rotkaeppchen.de. Führungen ohne Anmeldung werden Mo-Fr um 11:00 und 14:00 und Sa/So um 11:00, 12:30, 14:00 und 15:30 angeboten.

Hier wenden Sie sich nach links und folgen der ✎ grün-weißen Markierung bis zum Schweigenberg. Nach 200 m erreichen Sie einen von einem regionalen Heimatverein errichteten Rastplatz. Die Bänke laden zum Verweilen ein und bieten einen prachtvollen Blick auf die Weinberge.

Nach der Rast bleiben Sie zunächst auf dem Weg, biegen dann aber kurze Zeit später, bevor sich der Weg in einen Pfad verengt, nach rechts in Richtung des Waldes ab. An der nächsten Wegkreuzung halten Sie sich links und erreichen schließlich die sogenannte Höllgrabenquelle. Dieser folgt der Hüllgraben, der Sie bis zur Straße K2250 führt. Sie folgen der Straße ca. 300 m stadteinwärts. Unmittelbar vor einer scharfen Linkskurve erscheint schließlich das Ortseingangsschild von Freyburg, wo Sie die Stadt, dieses Mal von Nordosten her, erneut betreten. Nur wenige Meter hinter dem Ortseingangsschild hat der Heimatverein am Rand der Straße einen Rast- und Informationsplatz eingerichtet.

➭ Ein Wegweiser weist nach links zur Mühle am Zeddenbach.

Sie folgen dem Hauptweg und der zum Klostergut Zscheiplitz und dem Weingut Pawis führenden grün-weißen Markierung des Geolehrpfades nach rechts.

Die Klosterkirche und das ehemalige Klostergut Zscheiplitz

Während vom ehemaligen Kloster in Zscheiplitz, das seit der Reformation mehreren Besitzern gehört hat, nur noch die Grundmauern stehen, verdankt die 1994 wieder eingeweihte Klosterkirche St. Bonifatius ihre Auferstehung der Gemeinschaft der Klosterbrüder.

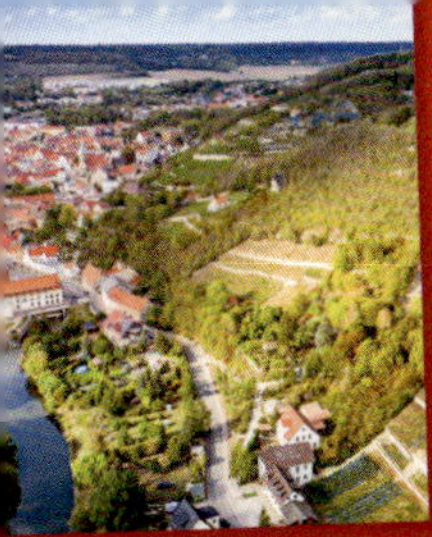
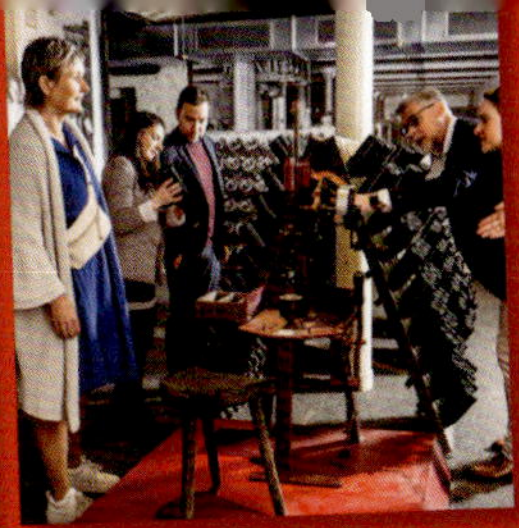
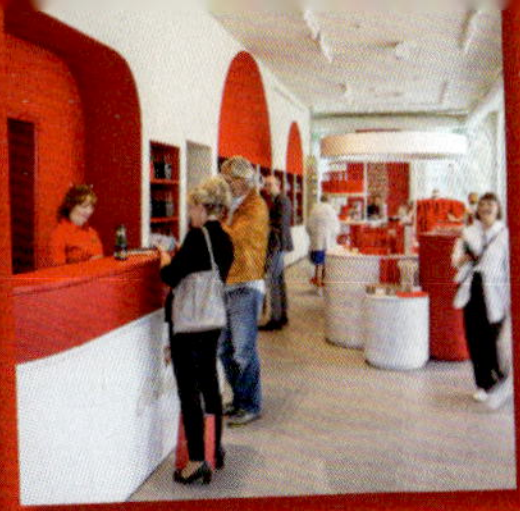
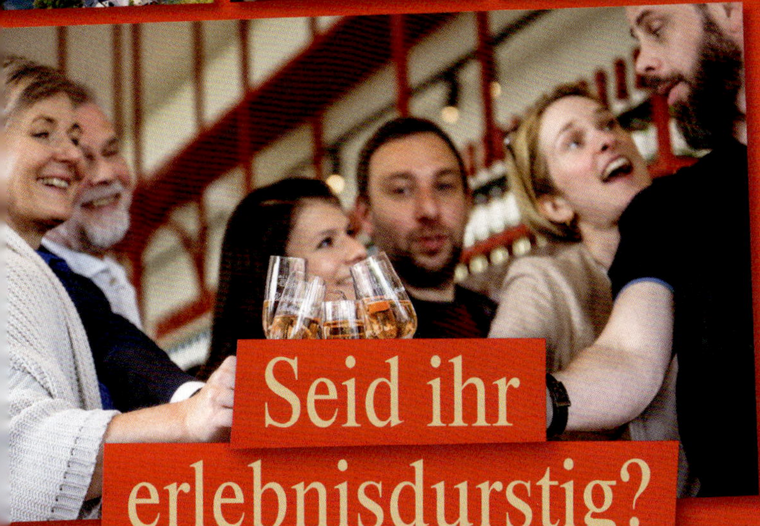

Die tatkräftigen Männer errichteten auf dem von Muschelkalk getränkten Boden ein neues Gotteshaus, das mit dem um 1500 angefertigten gotischen Kalksteinrelief, auf dem Jesus als Schmerzensmann abgebildet ist, eine besondere Kostbarkeit besitzt. Weitere sehenswerte Kostbarkeiten in Zscheiplitz sind ein ⌘ Kalkbrennofen und ein im Norden des Ortes stehendes ⌘ Sühnekreuz.

♦ Verein „Klosterbrüder", Zscheiplitz 4, 06632 Freyburg, OT Zscheiplitz, ☏ 03 44 64/255 57

Nur wenige Meter neben der Kirche, auf der Fläche des ehemaligen Klostergutes, betreibt Bernhard Pawis seit 2005 ein Weingut ❸.

Weingut Pawis, Auf dem Gut 2, 06632 Freyburg, ☏ 03 44 64/273 11, www.weingut-pawis.de, Weinverkauf: Mo-Sa 10:00-12:00 und 13:00-18:00, So auf Anfrage. Straußwirtschaft: Mai bis Oktober am Sa und So 13:00-18:00

Die Weinstube Pawis verlassen Sie in Richtung Aussichtsturm, den Sie bereits sehen können. Unmittelbar vor dem Erreichen eines Spielplatzes wenden Sie sich dann nach links. Sie laufen die Treppen abwärts und betreten anschließend wieder den ✎ Geopfad. Dieser führt Sie nach links bis zu einem P Parkplatz und von dort, das heißt nach einer kleinen Kurve nach rechts, bis zu einem links abzweigenden Hohlweg. Dieser zunächst von Holunder-, Rotdorn-, Schlehen-, Weißdorn- und Hagebuttensträuchern umschlossene Weg führt Sie schließlich auf eine von Wiesen begrünte Hochebene. Von hier haben Sie einen wundervollen Blick auf die vor Ihnen im Tal liegende Stadt Laucha und auf das Tal der Unstrut, das bei Sonnenschein mit Kalk das Licht reflektiert.

Sie bleiben einige Hundert Meter auf der Höhe und genießen den zauberhaften Blick. Am Ende des Höhenzuges gleitet der Weg sanft über Wiesen und Felder in das gegenüberliegende Tal abwärts. Dort angekommen folgen Sie der nach Laucha weisenden ✎ grün-weißen Markierung. Der Weg, der nun wieder einem Hohlweg gleicht, führt Sie durch ein kleines Waldstück bis zum Weindorf Weischütz ❹. Sie laufen durch den Ort bis zur im 12. Jahrhundert errichteten romanischen ✝ Kirche.

Nicht weit hinter dem Gotteshaus, das eine 1325 gegossene Glocke besitzt, stehen mehrere große Apfelbäume. Die Bäume sind Teil eines kleinen Spielplatzes und einer am Ufer der Unstrut angelegten Anlegestelle für Faltboote.

Auf einer Brücke überqueren Sie die Unstrut und folgen am anderen Ufer der ✎ grün-weißen Markierung der Weinstraße, der Markierung des Feengrotten

Kyffhäuser-Weges und der blau-weißen Markierung des Unstrut-Saale-Radweges. Der asphaltierte Radweg, der einen schönen Blick auf das oberhalb des Tales stehende Schloss Burgscheidungen gewährt, führt am Ufer der Unstrut durch das gleichnamige Tal.

Nach 1,6 km erreichen Sie schließlich die Kleinstadt Laucha, das Ziel der Wanderung. Sie passieren das ⌘ Glockenmuseum und gelangen wenige Hundert Meter später zur alten Stadtmauer ❺.

⌘ Glockenmuseum, Glockenmuseumstraße 1, 06636 Laucha an der Unstrut,
☏ 03 44 62/700 18, April-Oktober Mi-So 10:00-12:00 und 14:00-16:00

Ein in der Höhe eines Spielplatzes stehendes Stadttor gewährt Ihnen den Eintritt in die Altstadt. Dort angekommen wenden Sie sich zunächst nach links. Sie folgen einer kleinen Straße, um wenige Meter später zum rechts von der Straße liegenden Marktplatz oder gleich zum gegenüberliegenden Bahnhof zu laufen.

Laucha an der Unstrut

Die 1124 erstmals urkundlich erwähnte Stadt besitzt mit dem Glockenmuseum, der im 15. Jahrhundert im spätgotischen Stil erbauten ✞ Stadtkirche St. Marien, dem 1543 im Renaissancestil erbauten, dreigeschossigen Rathaus und der gut erhaltenen Stadtmauer einige ungeahnte Kostbarkeiten.

✕ Schützenhaus Rabes, Nebraer Straße 4, 06636 Laucha/Unstrut,
☏ 03 44 62/203 25, www.schuetzenhaus-laucha.de,
Di-Sa 11:00-14:00 und 17:00-21:00 und So 11:00-14:00

♦ Schifferklause, Hellesche Straße 25, 06636 Laucha/Unstrut, ☏ 03 44 62/204 22,
www.schifferklause-laucha.de, April-Dezember Do-Mo 11:30-23:00, von Januar bis März Winterpause

7 Im Heimatort von Wolfgang Hilbig – rund um Meuselwitz

Tour für Natur-, Kultur- und Literaturinteressierte

Von Meuselwitz führt die Tour zunächst – parallel zu den Gleisen der Kohlebahn – durch unscheinbare, liebliche Dörfer. Dabei streift sie Wiesen und Felder, das idyllische Schnaudertal und das Auholz und endet schließlich wieder im Geburtsort von Wolfgang Hilbig.

- Start/Ziel: Busbahnhof in Meuselwitz, GPS N 51°02.658' E 12°17.966'
- 9,7 km
- 2 Std. 40 Min.
- 88 m/88 m
- 167-203 m
- von Meuselwitz nach Schnauder-Hainichen regionale Wander- bzw. Radwegmarkierung, danach nur vereinzelte Wegeweiser

Gleise der Kohlebahn bei Schnauder-Hainichen

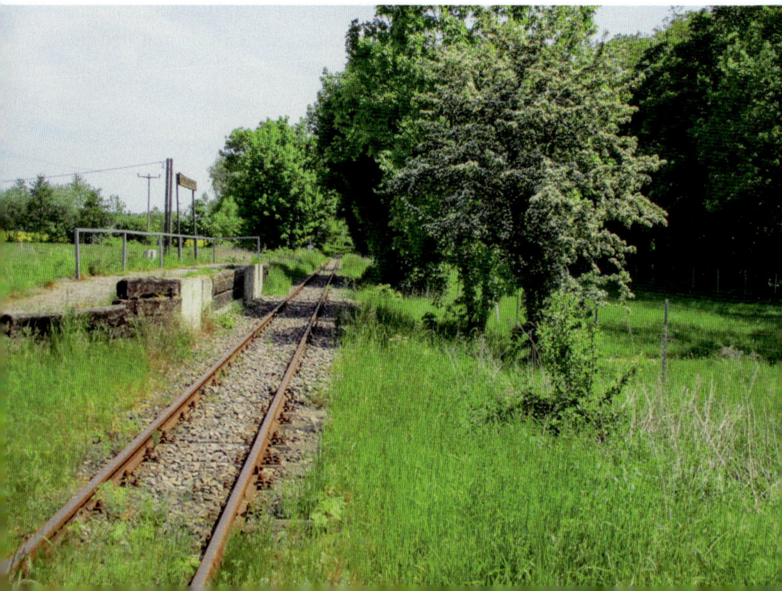

Durch Meuselwitz geht es auf Fußwegen am Rand von Nebenstraßen, danach auf Feld- und auf schattigen und sandigen Waldwegen. Der Rückweg erfolgt größtenteils auf weichen Feldwegen und auf einem Waldweg.

Keine Einkehrmöglichkeit am Weg. Abseits des Weges gibt es aber in Wintersdorf zwei Gaststätten und in Meuselwitz ein Eiscafé und mehrere Gaststätten.

Im Auholz und im Schnaudertal stehen mehrere Bänke.

Keine Bademöglichkeit am Weg. Aber der nur wenige Kilometer von Meuselwitz entfernt liegende Hainberger See lädt abseits des Weges zum Baden ein.

Die Tour ist für Kinder sehr gut geeignet. In Wintersdorf gibt es einen Spielplatz (km 5,2).

Für die Mitnahme eines Kinderwagens ist diese Tour, die am Rand des Auwaldes verläuft, bei gutem Wetter geeignet.

Die Tour ist für Hunde sehr gut geeignet, da sie über Wiesen und Felder und durch das Schnaudertal verläuft.

P In Meuselwitz gibt es unmittelbar neben dem Busbahnhof Parkplätze.

Zwischen Leipzig und Altenburg verkehren alle 30 Min. Züge. Von dort kommen Sie mit der Buslinie 416 stündlich nach Meuselwitz und zurück.

Den Busbahnhof verlassen Sie durch den Park in Richtung Altenburger Straße. Es folgt die erste Überquerung des Baches Schnauder und danach, unmittelbar nach einer stillgelegten Tankstelle, schwenken Sie nach rechts. Sie laufen auf dem Fußweg der Luckaer Straße bis zu einer nach insgesamt 900 m rechts abzweigenden Nebenstraße. Diese führt Sie am Rand einer großen Wiese entlang bis zur Unterquerung der ⌘ Kohlebahn.

Die Kohlebahn

Die Landschaft um Meuselwitz war während der Jahre des real existierenden Sozialismus von Schmutz, Ruß und Staub gezeichnet. Relikte aus dieser Zeit sind z. B. die umliegenden, inzwischen gefluteten Tagebaue und die 15 km langen und 900 mm breiten Gleise der ehemaligen Kohlebahn. Diese betreibt heute ein Heimatverein. Sie können innerhalb von 40 Minuten von Meuselwitz nach Regis-Breitingen fahren (www.kohlebahnen.de).

Nach der Unterquerung der Gleise halten Sie sich links und erreichen nach insgesamt 2,2 km den Ort Schnauder-Hainichen ❶. Diesen Ort durchqueren Sie. Sie laufen bis zum Feuerwehrhaus, wo Sie nach insgesamt 2,9 km dem rechts abzweigenden Weg folgen. Dieser führt Sie erneut über den Bach Schnauder und

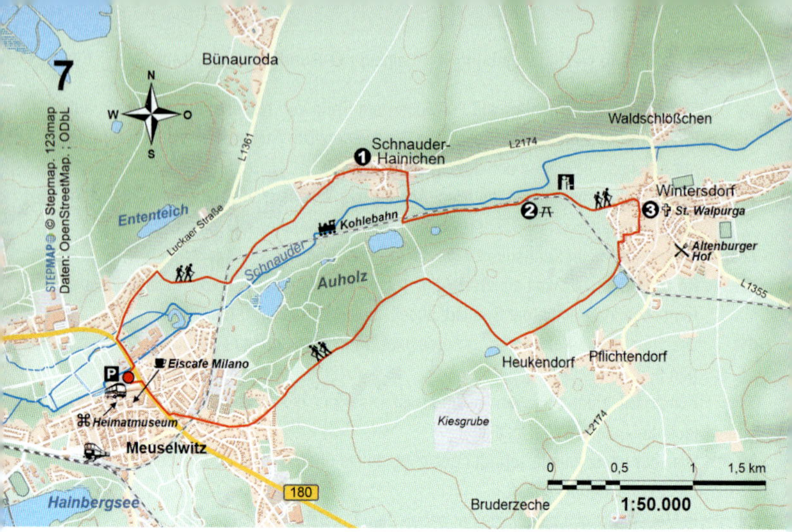

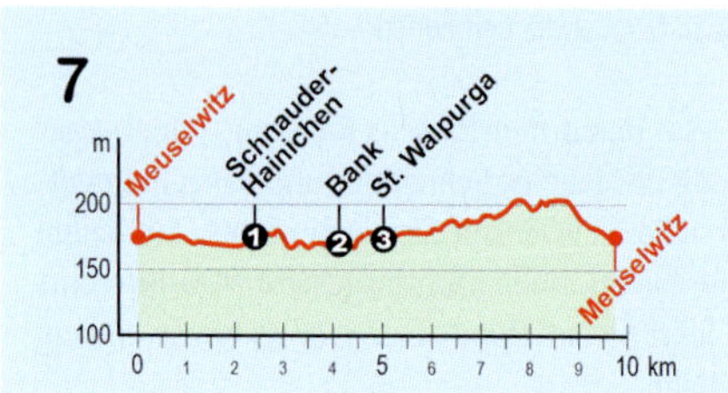

bis an den Rand des Auholzes. Bevor Sie jedoch den Wald betreten, wenden Sie sich nach links. Sie folgen dem ✎ gelb-weiß markierten Wegweiser und betreten einen parallel zu den Gleisen verlaufenden Pfad. Der Pfad, der sich nach einigen Metern zu einem breiten Waldweg weitet, ist gesäumt von Buschwindröschen, Maiglöckchen und vier im Wald liegenden Seen. Nach insgesamt 4,1 km überqueren Sie ein weiteres Mal die Gleise. Hier steht auch eine Bank ❷. Es folgt ein kleiner Anstieg und diesem ein herrlicher Blick auf die rechts und links des Weges liegenden Wiesen und Felder sowie auf den Ort Wintersdorf mit seinem Wahrzeichen, dem Wasserturm.

Wintersdorf betreten Sie auf dem Fußweg der Meuselwitzer Straße.

☺ In Wintersdorf steht etwas abseits vom Weg das Restaurant Altenburger Hof.

✕ Altenburger Hof, Fabrikstraße 10, 04610 Meuselwitz, OT Wintersdorf,
☏ 034 48/24 42, Fr-Di 17:00-24:00

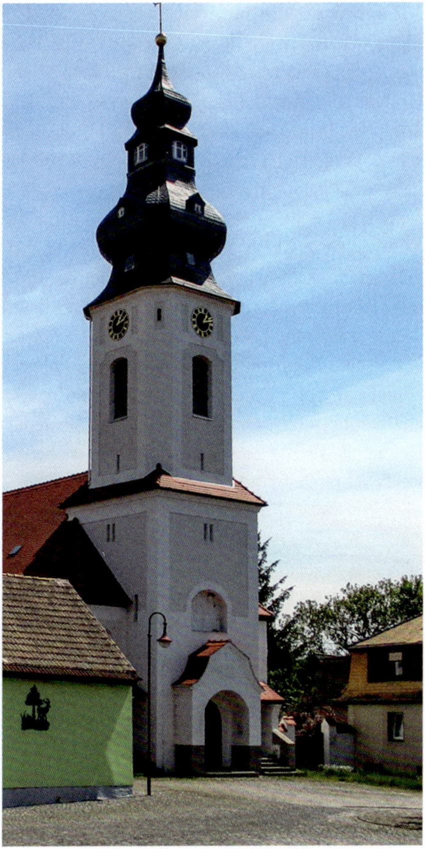

Kirche St. Walpurga

Sie laufen stadteinwärts bis zum Kirchplatz bzw. bis zur hier stehenden, 1907 im Jugendstil erbauten ✞ Kirche St. Walpurga ❸. Nach der Besichtigung des Gotteshauses folgen Sie der Straße Kirchplatz bis zu ihrem südlichen Ende, wo Sie an eine Straßenkreuzung gelangen. Hier halten Sie sich rechts und folgen dem Buchenring, der an einem Spielplatz vorbei bis zum Weidenweg führt. Nach einer Linkskurve zweigen Sie vom Weidenring rechts ab und gelangen auf den Fußweg der Pflichtendorfer Straße. Es folgen die erneute Überquerung der Gleise der Kohlebahn und danach ein links abzweigender, saftig-grüner Wiesenweg, der bis Heukendorf führt.

Sie bleiben auf dem Weg bis zum Ende des Dorfes, wo Sie – gegenüber dem Beginn der Heukendorfer Straße – einen rechts abzweigenden Feldweg betreten. Dieser führt Sie über das Feld in Richtung Auholz. Am anderen Ende des Feldes angekommen, d. h. nur wenige Meter bevor der Wald beginnt, folgen Sie dem links abzweigenden Weg. Dieser führt Sie am Rand des Feldes entlang und durch ein kleines Waldstück bis zum Ortseingang von Meuselwitz. Im Ort angekommen laufen Sie bis zur Hauptstraße. Hier wenden Sie sich nach rechts und erreichen nach insgesamt 9,7 km den links von der Straße liegenden 🚌 Busbahnhof.

Meuselwitz, die Heimatstadt von Wolfgang Hilbig

Meuselwitz, das 1139 als Rittergut „Mizleboze" erstmals urkundlich erwähnt wurde, gehörte ab 1776 der Adelsfamilie von Seckendorff. Veit Ludwig, der Gründer der Adelsfamilie, ließ das Schloss bauen, auch kreierte er mit seinem Sohn den Landschaftspark. Meuselwitz, das heute eine 1740 von einem ungarischen Architekten erbaute ✞ Kirche, ein 1862 im neogotischen Stil erbautes Rathaus und eine Orangerie besitzt und das erst 1874 das Stadtrecht erhielt, litt ab Mitte des 19. Jh. an den Folgen der industriell betriebenen Braunkohleförderung. Die Stadt ist jedoch auch als Heimatort von Wolfgang Hilbig, dem hier 1941 geborenen Dichter, bekannt. Hilbig, der bis 1978 als Heizer in einem Tagebau in der Nähe von Meuselwitz arbeitete, lebte inmitten der miefigen, beengten Welt des sozialistischen Kleinbürgertums die Existenz des Unangepassten. Er artikulierte seine Sympathie für den „Prager Frühling" auch öffentlich, war 1968 Teilnehmer an der legendären Leipziger Stauseelesung und wurde von der Staatssicherheit bespitzelt und 1979 verhaftet. Nach der Entlassung verließ Hilbig seinen Heimatort. Er zog u. a. nach Berlin, wo er bis zu seinem Tod 2007 lebte und als freier Schriftsteller arbeitete.

📖 Wolfgang Hilbig, Grünes, grünes Grab. Frankfurt/Main, 1995

⌘ Heimatmuseum, Neugasse 1, 04610 Meuselwitz, ☏ 034 48/24 98,
🚪 Di 9:00-12:00 und 13:00-17:30, Mi 9:00-12:00 und 13:00-16:00, So 14:00-17:00

☕ Eiscafé Milano, Baderdamm 2, 04610 Meuselwitz, ☏ 034 48/21 05,
🚪 tägl. 9:30-18:30

♦ Pflanzencafé Glücksgefühl, Markt 4, 04610 Meuselwitz, 📱 015 20/01 71 02 12,
🚪 Mo-Di geschlossen, Mi-Fr 9:00-17:00, Sa 13:00-19:00 und So 13:00-17:00

8 Die Lagunenwanderung – von Borna bis Rötha

Tour für Natur- und Kunstbegeisterte und für Fans von Friedrich Schiller

In Borna stehen eine „fahrende Kirche“ und ein ungewöhnliches Lutherdenkmal und einige Kilometer weiter trennt ein fast 50 m hoher Deich den Hainer See vom Kahnsdorfer See. Unmittelbar hinter den Seen liegt zudem Rötha, die Stadt, die zwei Silbermannorgeln besitzt. Eine besondere Erwähnung verdient bei dieser Wanderung auch das in Kahnsdorf stehende Gutshaus.

→ Start: Bahnhof Borna, GPS N 51°07.083' E 12°29.204';
Ziel: Marktplatz in Rötha, GPS N 51°11.871' E 12°24.605'

18,1 km

4 Std. 40 Min.

↑↓ 144 m/159 m

⇧ 122-158 m

Markierung des Lutherweges, teilweise auch ausgeschilderte regionale Rad- und Wanderwege

durch Borna auf Fußwegen, danach größtenteils auf sandigen und schattigen Wald- und Uferwegen und nur kurzzeitig auf Wegen mit asphaltiertem Untergrund

In Kahnsdorf befindet sich das Schillercafé (km 12,4). In Rötha gibt es außerdem ein paar Hundert Meter abseits des Weges das Schlossrestaurant und das Café am Markplatz.

Am Ufer des Hainer Sees (ab km 10,5 und 13,2), in Kahnsdorf an der Lagune (ab km 11,9) bzw. im Englischen Park (km 12,1) und am Ufer des Röthaer Stausees (ab km 16,2) stehen zahlreiche Bänke.

Der West- und Nordstrand des Hainer Sees (ab km 10,5 und km 13,2) sind Badeparadiese!

Für konditionsstarke Kinder ist die Tour gut geeignet. Es gibt zahlreiche Bademöglichkeiten im Hainer See (ab km 10,5 und km 13,2) und ein Spielplatz in Kahnsdorf (km 12,2).

Für Kinderwagen ist die Tour geeignet.

Die Tour ist für Hunde sehr gut geeignet, weil sie durch Wälder, teilweise über steppenähnliches Gelände und über zahlreiche Wiesen verläuft.

P Sowohl in Borna am Bahnhof als auch in Rötha auf dem Marktplatz gibt es Parkplätze.

Von Leipzig bis Borna fährt alle 30 Minuten die S-Bahn. Von Rötha fährt die Buslinie 101 stündlich zum Bahnhof Böhlen, von wo Sie Anschluss an eine nach Leipzig fahrende S-Bahn haben.

Vom Bahnhof Borna laufen Sie die Bahnhofsstraße nach links bis zum ersten Wegweiser. Sie folgen der zum Marktplatz führenden Markierung und überqueren nach knapp 900 m die Wyhra. Dem Fluss folgt nur 200 m später der Marktplatz ❶, wo u. a. das Rathaus, mehrere gut sanierte Bürgerhäuser, ein Brunnen und zwei große Informationstafeln stehen. Sie überqueren den Markt in nördliche Richtung und gelangen zur Kirchstraße. Dieser folgen Sie bis zum unmittelbar vor der Straße Brühl gelegenen Lutherplatz.

Hier stehen die ✞ Stadtkirche St. Marien, ⌘ ein außergewöhnliches Denkmal des Reformators Martin Luther und die ✞ Emmauskirche. Beim Verlassen des Lutherplatzes in südlicher Richtung blicken Sie auf die Stadtbibliothek und auf das ☺ Geburtshaus von Wilhelm Külz, dem Begründer der Deutschen Liberalen Partei.

Die Große Kreisstadt Borna

In Borna stand zuerst eine Wasserburg. Auf die erste urkundliche Erwähnung im 12. Jahrhundert folgten 200 Jahre später der Bau des Rathauses, der Bau der Stadtkirche und die Errichtung der Stadtmauer mit ihren damals vier Toren. Borna, das zahlreiche Kriege und Stadtbrände überstand, gehörte im frühen 19. Jahrhundert zu den bedeutendsten sächsischen Industriezentren. Zu Beginn des 20. Jh. wurde in den nördlich der Stadt errichteten Tagebauen Braunkohle gefördert. Die Förderung der Kohle währte bis in die letzten Jahre des real existierenden Sozialismus. Heute sind in Borna vor allem der Marktplatz mit dem Rathaus, das Bürgerhaus Goldener Stern, das Luther-Denkmal und das 1723 erbaute Reichstor sehenswert. Als eine weitere Besonderheit offenbart sich zudem die unmittelbar neben der Stadtkirche stehende, sogenannte ✞ „fahrende" Emmauskirche. Ihren Beinamen erhielt sie, weil sie 2007 auf einen Speziallaster gehoben und von ihrem Heimatort Heuersdorf nach Borna gefahren wurde.

i Touristeninformation, Markt 2, 04552 Borna, ☏ 034 33/87 31 95,
Mo, Di, Do 9:00-13:00 und 13:30-17:00, Mi, Fr 9:00-13:00

⌘ Museum der Stadt Borna, An der Mauer 2-4, 04552 Borna, ☏ 034 33/278 60,
Mo geschlossen, Di-Do 10:00-17:00, Fr 10:00-13:00 und Sa/So 14:00-17:00

✕ Restaurant Athos, Markt 11, 04552 Borna,
Mo geschlossen, Di-So 11:30-14:00 und 17:30-22:00

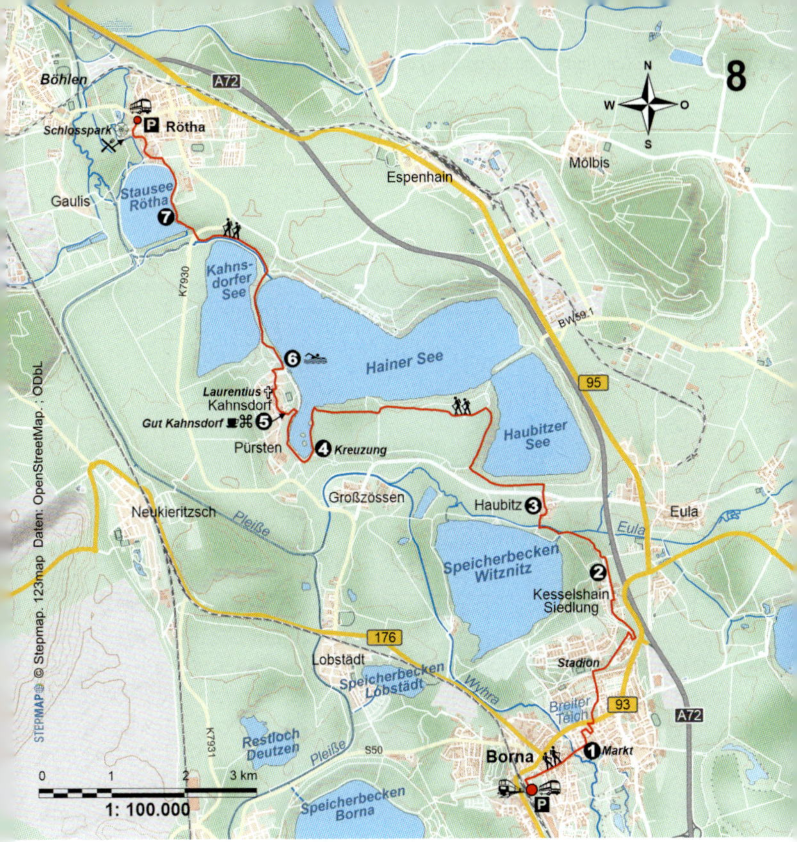

8
N
W
O
S
Böhlen
A72
Schlosspark
Rötha
Espenhain
Mölbis
Gaulis
Stausee Rötha
7
Kahns-
dorfer
See
K7930
BW59.1
95
6
Hainer See
Laurentius
Kahnsdorf
Gut Kahnsdorf
5
Pürsten
4 Kreuzung
Haubitzer See
Großzössen
Haubitz 3
Eula
Eula
Neukieritzsch
Pleiße
Speicherbecken Witznitz
2
Kesselshain Siedlung
176
Lobstädt
Stadion
Speicherbecken Lobstädt
Wyhra
Breiter Teich
93
A72
K7931
Restloch Deutzen
Pleiße
S50
Borna
1 Markt
Speicherbecken Borna
0
1
2
3 km
1: 100.000
STEPMAP © Stepmap. 123map Daten: OpenStreetMap. ; ODbL

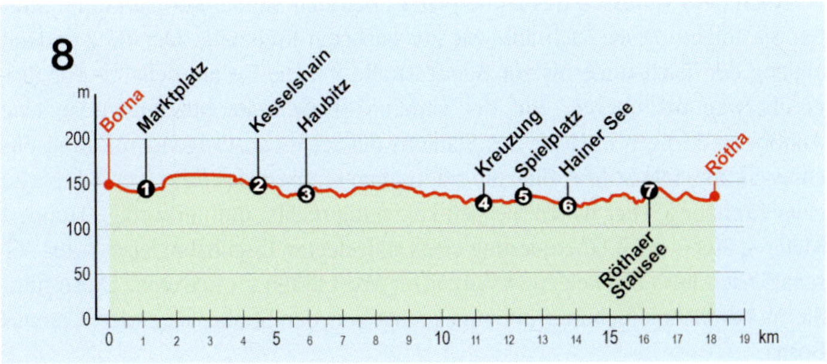

8
m
200
150
100
50
0
Borna
Marktplatz
Kesselshain
Haubitz
Kreuzung
Spielplatz
Hainer See
Rötha
Röthaer Stausee
1
2
3
4
5
6
7
0
1
2
3
4
5
6
7
8
9
10
11
12
13
14
15
16
17
18
19
km

✕ Markt-Eins, Markt 1, 04552 Borna, ☎ 034 33/77 72 25, Di-So 17:00-22:00, So auch 11:00-14:00

♦ Nanu, Wilhelm-Kültz-Straße 2, 04552 Borna, ☎ 034 33/260 65 27, täglich 9:30-22:00

Lutherdenkmal in Borna mit Emmauskirche

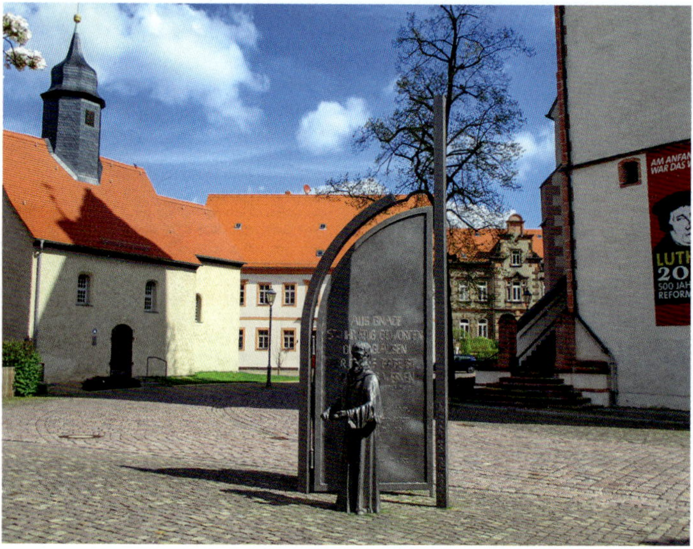

Nach dem Verlassen des Lutherplatzes betreten Sie die Roßmarktsche Straße. Sie folgen dieser nach links bis zur nächsten Kreuzung. Der Weg verläuft entlang der Teichstraße bis zur Bundesstraße 93, die Sie auf dem Fußgängerüberweg überqueren. Auf der anderen Straßenseite bewältigen Sie eine Anhöhe und folgen in Höhe des Stadions der rechts abzweigenden Rudolf-Virchow-Straße. Die Straße, die zum städtischen Krankenhaus führt, verläuft bis zu einer Kreuzung. Hier halten Sie sich kurzzeitig rechts, um nur wenige Hundert Meter später – nach Überquerung eines stillgelegten Eisenbahngleises – die scharf nach links abzweigende Witznitzer Werkstraße zu betreten. Diese führt Sie in nördlicher Richtung bis zum rechts von der Straße liegenden Campus Borna.

Nach der Durchquerung der Siedlung Kesselshain ❷ folgen Sie der ✎ Markierung des Lutherweges, die Sie zum Ufer des Haubitzer Sees weist. Nach insgesamt 4,2 km verlassen Sie endgültig die Bornaer Stadtgrenze.

Ein beschaulicher Waldweg führt Sie nun zum Ufer des Witznitzer Speicherbeckens (✋ Baden verboten!), das links des Weges liegt. Sie folgen erneut der Markierung des Lutherweges bis zu einer kleinen, unscheinbaren Wegkreuzung. ✋ Hier betreten Sie den rechts abzweigenden und den Bach Eula überquerenden Pfad und erreichen das versteckt in der Landschaft liegende und mehrheitlich aus Fachwerkhäusern bestehende Runddorf Haubitz ⛩ ❸.

Das Dorf verlassen Sie wieder in nördlicher Richtung und nach der ✋ Überquerung der vom Ort Eula nach Neukieritzsch führenden Straße blicken Sie nach insgesamt 6 km auf den Haubitzer See. Nun laufen Sie stets am Ufer des Sees entlang in westliche Richtung.

Nach 1,3 km endet der Asphalt und der Weg verläuft nun auf Sand sowie über Wiesen und durch kleine Dünen. Nach insgesamt 9,4 km gelangen Sie an eine Gabelung. Sie folgen dem nach links führenden Abzweig und kommen – begrenzt von sanften Sandhügeln und ohne zunächst zum Ufer des Hainer Sees zu gelangen – an eine weitere Weggabelung ❹. Sie halten sich geradeaus und gelangen an eine Schranke. Unmittelbar vor ihr gibt es eine weitere Wegkreuzung. Sie betreten dieses Mal jedoch den rechts abzweigenden Weg, der Sie zum Ufer des Sees führt.

Der Hainer See

Der Hainer See verdankt – ebenso wie seine „kleineren Geschwister" der Haubitzer See und der Kahnsdorfer See – seine Existenz der Renaturierung des 1993 stillgelegten Tagebaus Witznitz II. Während der Kahnsdorfer See geschützt und vom Tourismus unberührt bleiben soll, ist der Hainer See bereits jetzt ein beliebtes Naherholungsgebiet mit zahlreichen Badestränden, Cafés, Bootsverleihen und Ferienwohnungen.

Weitere Infos finden Sie unter 💻 www.leipzigseen.de.

Am Ufer des Hainer Sees angekommen laufen Sie auf dem Uferweg bis zur sogenannten Kahnsdorfer Lagune. Hier funkeln seit einigen Jahren luxuriöse Ferienwohnungen in der Sonne, auch offenbaren schwimmende Segelboote im Hafen den Reichtum der Leipziger Schickeria. Im Umkreis des kostspieligen Areals und im Dunst der bei Westwind in Richtung des Hafens ziehenden Wasserdampfsäulen des Kraftwerks Lippendorf befindet sich jedoch auch der alte Dorfkern mit dem ☕ ⌘ Gutshaus und der ✝ Laurentiuskirche.

An der Lagune steht ein Hinweisschild, das zum Gut Kahnsdorf weist. Sie folgen dem Schild und betreten die links vom Weg abzweigende Treppe bzw. den sich daran anschließenden Weg und gelangen zum Gutshaus und zum Spielplatz ❺. Auf dem Gelände des Guts befinden sich das Schillercafé und das zurzeit leider geschlossene Restaurant Gut Kahnsdorf.

Schillercafé, Theodor-Sältze-Straße 8-10, 04552 Kahnsdorf, 01 74/898 13 55. ☺ Die Inhaberin des Schillercafés bietet nach telefonischer Anmeldung Wanderungen mit Alpakas an.

„Freude schöner Götterfunken …“ – die Freundschaft zwischen Friedrich Schiller und Christian Gottfried Körner

Letztlich war es Johann Christian Ernesti, der einst in Kahnsdorf in einem Herrenhaus wohnende Leipziger Theologieprofessor, der Friedrich Schiller am 1. Juli 1785 zu sich einlud und ihn damit zum Schreiben der „Ode an die Freude“ inspirierte. Eingeladen war an jenem Tag jedoch auch der Kaufmann Christian Körner, der in den folgenden Jahren der treueste Freund des Dichters und sein wichtigster Förderer wurde.

Im Gut Kahnsdorf, das während der letzten Jahre von einem Leipziger Unternehmen aufwendig und detailgetreu saniert wurde, sind heute ein Café und ein Museum eingerichtet.

Das Gut verlassen Sie in Richtung des Dorfzentrums und auf der alten Dorfstraße. Sie folgen zudem dem Lutherweg, der Sie zur im 15. Jahrhundert erbauten Laurentiuskirche führt. Nach der Besichtigung des Gotteshauses führt Sie der Weg nochmals auf die unmittelbar am Ufer des Hainer Sees liegende Lagune zu und biegt in Höhe der letzten Häuser scharf nach links ab. Sie betreten das Ufer des Hainer Sees ❻ und halten sich an einer kleinen Wegkreuzung rechts. Der Weg verläuft nun auf dem zwischen dem Hainer See und dem Kahnsdorfer See angelegten Damm. Hier gibt es einen Strand und zahlreiche Bademöglichkeiten.

Am Ende des Damms verlassen Sie nur wenige Meter hinter der Markierung des Lutherweges bzw. nach der Überquerung von zwei Brücken den schmalen Asphaltweg nach links. Sie betreten einen sich sanft durch Wiesen und kleine Sandhügel windenden Pfad, der parallel zum Kanal verläuft und Sie bis zu einem rechts des Weges stehenden Birkenwald führt. Der Durchquerung des Birkenwaldes folgt die Überquerung einer Straße.

Danach halten Sie sich an einer kleinen Weggabelung rechts und erreichen nach insgesamt 15,9 km das Ufer des Röthaer Stausees ❼ (✋ Baden verboten!). Nun folgen Sie dem Uferweg, bis Sie beim Erreichen des Nordufers eine kleine, in den Ort führende Nebenstraße betreten. In Rötha angekommen bewältigen Sie eine kleine Anhöhe und folgen danach an einer Straßenkreuzung der links abzweigenden Gartenstraße.

Während Sie das Fabrikgebäude einer Kelterei umrunden, folgt der Gartenstraße die ebenfalls links abzweigende Mühlgasse. Auf dieser gelangen Sie zur im 12. Jahrhundert erbauten und dem heiligen Georg gewidmeten ✞ Stadtkirche.

Gegenüber der Kirche führt ein Weg zum nur 200 m entfernten Schlosspark, wo Sie das ❶ Schlossrestaurant finden.

Restaurant und Pension am Schlosspark, Johann-Sebastian-Bach-Straße 18, 04571 Rötha, ☏ 03 42 06/735 54, Do ab 18:00, Fr ab 17:00, Sa ab 11:00, So 11:00-14:00

Das Kirchengelände verlassen Sie auf der Gottfried-Silbermann-Straße.

☺ Die an der linken Straßenseite einer Mauer angebrachten ⌘ Kacheln zeigen verschiedene Ereignisse der Stadtgeschichte.

Nach insgesamt 18,1 km erreichen Sie den Marktplatz von Rötha, das Ziel dieser Wanderung.

☺ Von Rötha fahren täglich regelmäßig Busse nach Böhlen. Sie können jedoch auch die 1,2 km bis zum Bahnhof Böhlen wandern. Ab Böhlen fährt die Regionalbahn nach Leipzig.

Die Wein- und Obststadt Rötha

Das 1127 gegründete und am Ende des 19. Jh. als Wein- und Obststadt bekannt gewordene Rötha rühmt sich mit mehreren Besonderheiten. So bestimmten zum Beispiel seit 1127 zahlreiche einflussreiche Adelsfamilien die Geschicke der Stadt. Eine von diesen war ab 1592 die Familie Friesen, deren Mitglieder einst als Schlosshauptmänner in Altenburg ihre außergewöhnliche Karriere begannen. Der bekannteste „Friese“ war der Freiherr Heinrich von Friesen, der in der zweiten Hälfte des 19. Jh. den seit dem 15. Jahrhundert in Rötha praktizierten Weinanbau wiederbelebte und 1875 eine Lehranstalt für Obstanbau und Gärtnerei gründete.

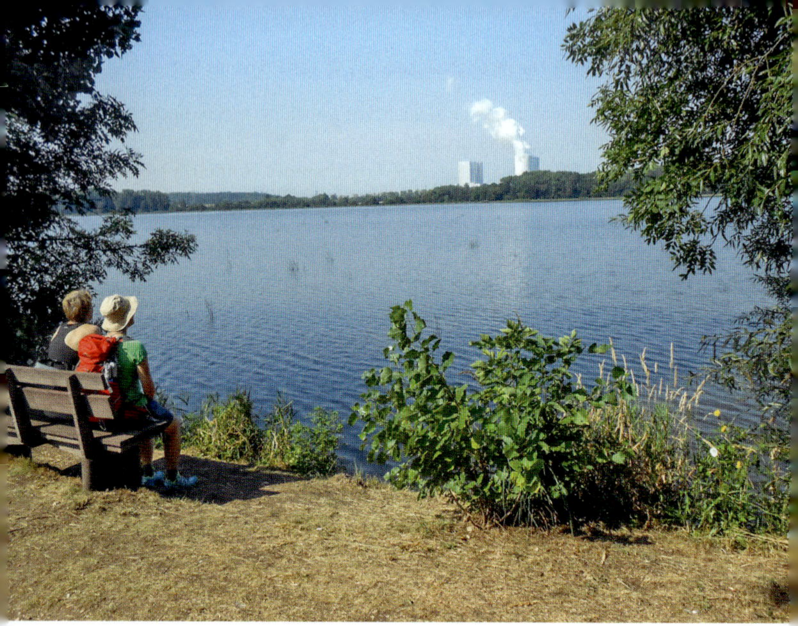

Blick auf den Röthaer See

Und Rötha besitzt mit den in der ✞ Georgenkirche und in der ✞ Marienkirche stehenden und mit unterschiedlichen Klangfarben ausgestatteten Silbermannorgeln zwei weitere Juwelen. Zur bemerkenswerten Geschichte von Rötha gehört auch, dass die Stadt zwar einen schönen Park mit einem lieblichen Teich, aber kein Schloss besitzt. Dieses Schloss, das während der Völkerschlacht den preußischen König, den österreichischen Kaiser und den russischen Zaren beherbergte, wurde 1969 abgerissen.

⌘ Heimatmuseum, Straße der Jugend 5, 04571 Rötha, Mo-Sa 10:00-14:00

☕ Café am Markt, August-Bebel-Straße 2, 04571 Rötha, ☏ 03 42 06/735 54, Di-Sa 12:00-21:00, So 12:00-17:00

⑨ Seen, Felder und Wälder – von Naunhof nach Brandis

Tour für Natur- und Kulturinteressierte

Diese Wanderung führt zunächst zu zwei Seen und danach durch dunkle, dichte Wälder und über helle, weite Felder.

→ Start: Bahnhof in Naunhof, GPS N 51°16.598' E 12°35.641';
Ziel: Busbahnhof in Brandis, GPS N 51°19.754' E 12°36.449'

10,9 km

2 Std. 45 Min.

↑↓ 124 m/117 m

⇧ 129-166 m

Die Wanderung führt zunächst von Naunhof bis Ammelshain über Wald- und Feldwege ohne Markierungen. Die erste Markierung (gelb-weiß) gibt es erst im Brandiser Forst. Diese weist Sie bis zum Kohlenberg bzw. bis nach Brandis.

größtenteils auf sandigen Feld- und Waldwegen und nur vereinzelt auf Wegen mit asphaltiertem Untergrund

Rosengarten (0,4 km). Abseits des Weges gibt es Gaststätten in Naunhof, Ammelshain und in Brandis auf dem Marktplatz.

Bänke und Rastplätze sind am Grillensee (km 2,5), im Naunhofer Forst (km 3,7) und im Brandiser Forst (km 9,2) aufgestellt.

Bademöglichkeit am Grillensee (km 2,5). Außerdem können Sie abseits des Weges im Moritzsee (km 3,2) und im Waldbad in Naunhof (ca. 1,5 km vom Bahnhof entfernt) baden.

Die Wanderung ist für Kinder sehr gut geeignet. Im Kranwerk in Naunhof gibt es einen Spielplatz (km 0,5) und im Grillensee (km 2,5) können sie schwimmen.

Die Wanderung ist für die Mitnahme eines Kinderwagens geeignet.

Die Tour eignet sich sehr gut für Hunde, weil sie durch zwei große Wälder und über Wiesen und Felder verläuft.

P In Naunhof und in Brandis gibt es zahlreiche Parkmöglichkeiten.

Zwischen Naunhof und Leipzig verkehren vormittags stündlich und nachmittags halbstündlich Regionalzüge. In Brandis fährt ein Regionalbus stündlich bis nach Borsdorf. Von dort haben Sie jeweils Anschluss zur Regionalbahn nach Leipzig.

Den Bahnhof in Naunhof verlassen Sie mithilfe der über die Gleise führenden Fußgängerbrücke.

Naunhof

Das 1223 erstmals urkundlich erwähnte Naunhof besitzt seit 1406 das Stadtrecht. In der Region ist der Ort vor allem durch den Grillen- und den Moritzsee bekannt. Im Stadtzentrum sind die um 1500 erbaute ✝ Stadtkirche, die alte Schlossmühle und die Fassade der sanierten Grundschule sehenswert. Mehr als ein Geheimtipp ist zudem das am Rand des Ortes liegende alternative Kulturzentrum Altes Kranwerk.

- i Tourist-Informationszentrum, Bahnhofstr. 25, 04683 Naunhof, ☏ 03 42 93/47 56 47, www.naunhof.de, Mo geschlossen, Di 9:00-12:00 und 13:00-18:00, Mi, Do 9:00-12:00 und 13:00-15:30, Fr 9:00-12:00
- ⌘ Heimatstube Naunhof, Vereinsweg 1, 4683 Naunhof, ☏ 03 42 93/421 36, jeden ersten Sa im Monat 14:00-18:00
- Waldbad, Wiesenstraße 48b, 04683 Naunhof, ☏ 03 42 93/452 57, www.naunhof.de, 15. Mai bis 15. September täglich 10:00-20:00
- ♦ Museum für historischen Bürobedarf, Vereinsweg 1, 04683 Naunhof, ☏ 03 42 93/421 36, Sa 14:00-17:00
- ♦ Turmuhrmuseum, Ungibauerstraße 1, 04683 Naunhof, ☏ 03 42 93/325 13, Mi-So 14:00-18:00
- ♦ Keramikgut, Breite Straße 7, 04683 Naunhof, ☏ 03 42 93/444 34, Mo-Fr 9:00-18:00, Sa 9:00-12:00

Nach der Überquerung der Gleise wenden Sie sich nach links und stehen nach nur wenigen Metern vor dem Eingang zum ✕ Restaurant Rosengarten ❶.

✕ Rosengarten, Nordstraße 22, 04683 Naunhof, ☏ 03 42 93/430, Mo-Sa 17:00-23:00, So 12:00-21:00, Do Ruhetag

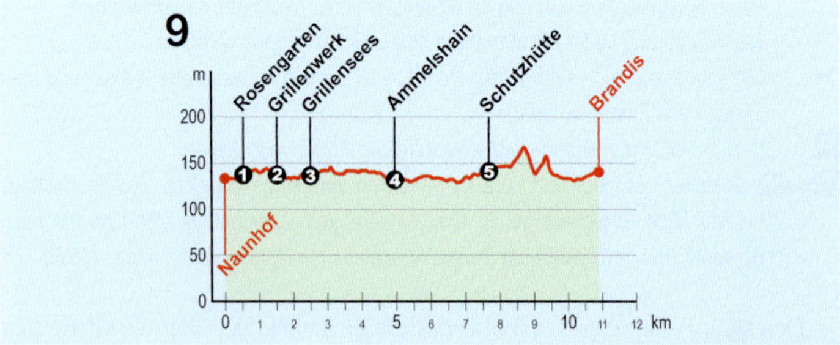

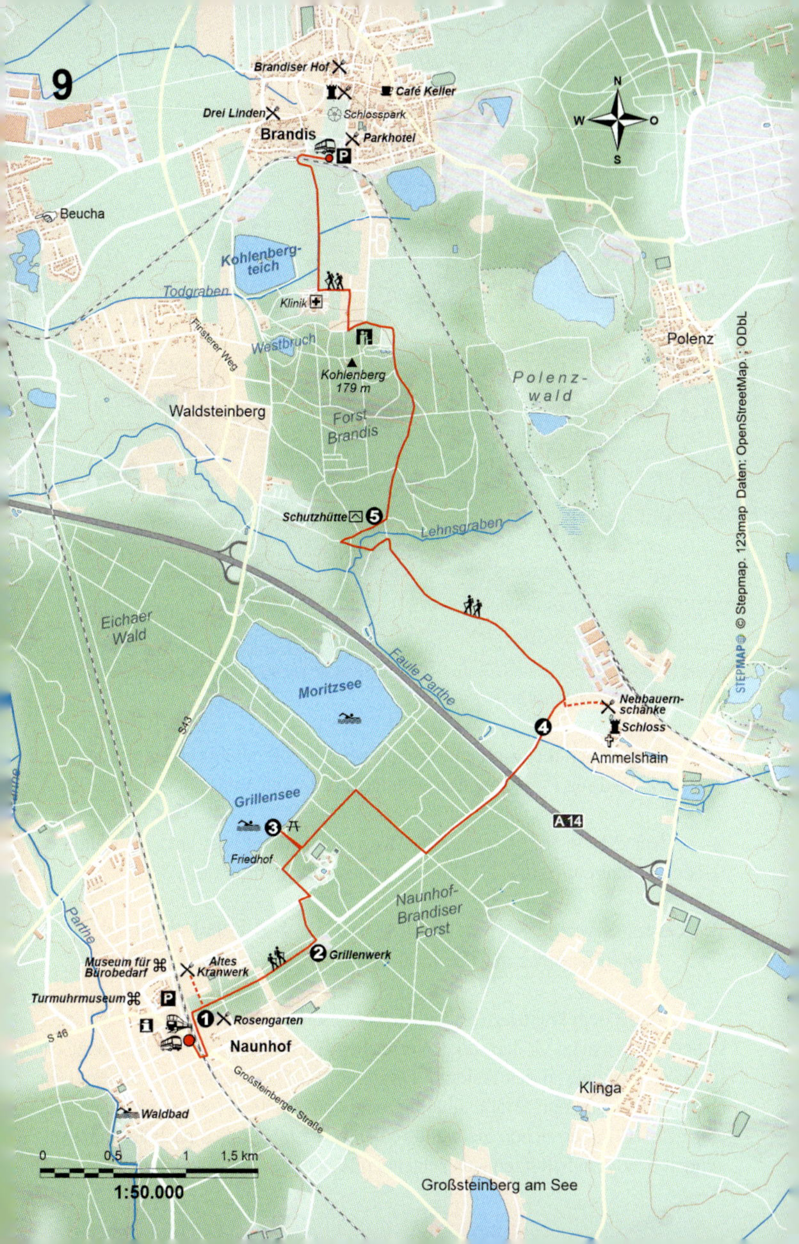

9
Brandiser Hof
Café Keller
Drei Linden
Schlosspark
Brandis
Parkhotel
N
W
O
S
Beucha
Kohlenbergteich
Todgraben
Klinik
Finsterer Weg
Westbruch
Kohlenberg 179 m
Polenz
Polenzwald
Waldsteinberg
Forst Brandis
Schutzhütte 5
Lehnsgraben
Eichaer Wald
Moritzsee
Faule Parthe
Neubauernschänke
4
Schloss
Ammelshain
S43
Grillensee
3
Friedhof
A 14
Naunhof-Brandiser Forst
Parthe
Museum für Bürobedarf
Altes Kranwerk
2 Grillenwerk
Turmuhrmuseum
1 Rosengarten
S 46
Naunhof
Großsteinberger Straße
Klinga
Waldbad
0
0,5
1
1,5 km
1:50.000
Großsteinberg am See
STEPMAP © Stepmap. 123map Daten: OpenStreetMap: ODbL

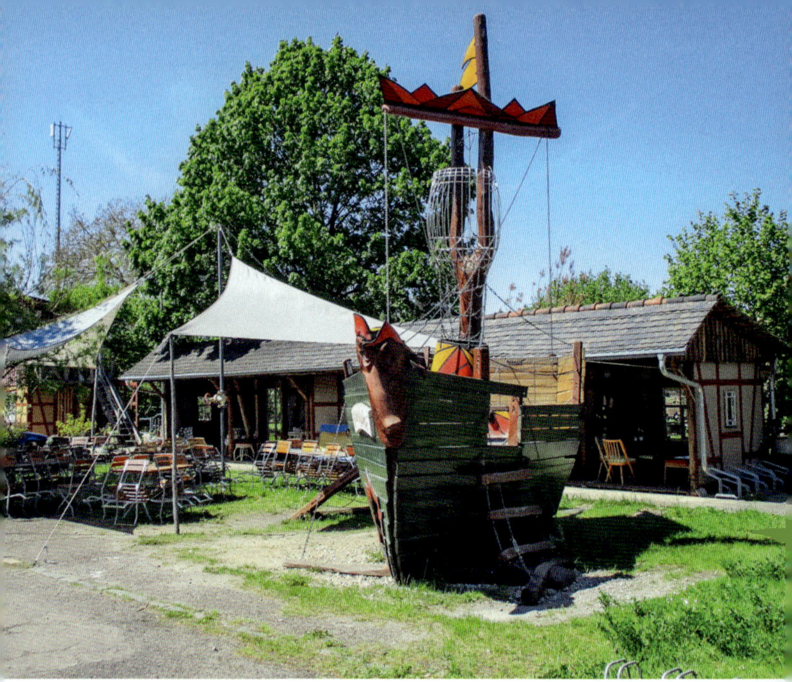

Spielplatz im Naunhofer Kranwerk

Sie biegen nach rechts ab und nach insgesamt 800 m führt ein geradeaus verlaufender Waldweg (☞ keine Markierung!) tief in den Wald.

↳ Nur 200 m vom Beginn des Waldweges entfernt liegt links am Rand der Straße das alternative FUN ✕ Kulturzentrum Altes Kranwerk e. V.

FUN ✕ Altes Kranwerk, Lutherplatz 10, 04683 Naunhof, ☎ 03 42 93/471 8 00, www.kranwerk.com, So 13:00-18:00

Sie folgen dem Waldweg, bis Sie nach insgesamt 1,5 km das rechts des Weges stehende ehemalige Grillenwerk ❷ erreichen. Gegenüber dem Werk zweigt ein schmaler Weg links in den Wald ab. Dieser führt Sie bis zu einer ☞ Straße. Hier nutzen Sie nach der Straßenüberquerung den rechts abzweigenden Fußweg. Nach ca. 100 m erreichen Sie eine Kreuzung. Sie folgen dem nach links abzweigenden bzw. zum Schützenhaus zeigenden Wegweiser. Sie laufen vorbei am Haus

Grillensee – einem Freizeit- und Bildungszentrum – und am Schützenhaus und erreichen nach insgesamt 2,1 km den Friedhof. Unmittelbar vor dem Eingang zum Friedhof wenden Sie sich jedoch nach rechts. Nach weiteren 200 m biegen Sie an einer Gabelung nach links und kommen zum Ufer des Grillensees ❸. Im Grillensee ist – ebenso wie im benachbarten Moritzsee – das Baden erlaubt!

Vom See laufen Sie zurück zur Weggabelung und biegen nach links auf den Wanderweg ab. Der Weg, der zunächst einer Allee und später einem Damm gleicht, führt mitten durch ein Moorgebiet. Nach insgesamt 3,3 km erreichen Sie eine Wegkreuzung mit Blick zum Moritzsee. Hier wenden Sie sich nach rechts und überqueren nach weiteren 600 m die von Naunhof nach Ammelshain führende Straße. Danach halten Sie sich links. Nun folgen Sie dem parallel zur Straße verlaufenden Fuß- und Radweg. In Ammelshain ❹ angekommen verlassen Sie an der ersten Kurve die Hauptstraße. Sie folgen kurzzeitig der Bahnhofstraße und betreten nach insgesamt 5,3 km den links abzweigenden Feldweg.

Die einzige Gaststätte des Ortes liegt ca. 300 m von der Wegkreuzung entfernt. Sie erreichen sie, wenn Sie rechts in den Brandiser Weg und dann den ersten Abzweig links (Neubauernstraße) abbiegen. Im Ort sind zudem die Dorfkirche und das Schloss sehenswert.

Neubauernschänke, Neubauernstraße 55, 04821 Naunhof, OT Ammelshain,
03 42 93/323 20,
Fr 17:00-21:00, Sa 17:00-22:00, So 11:00-14:00 und 17:00-21:00

Schloss Ammelshain, Hauptstraße 31, 04821 Naunhof, OT Ammelshain,
01 72/944 55 74, www.schloss-ammelshain.de, nach Absprache

Der Feldweg, der nach 1,7 km in den Brandiser Forst mündet, ist Teil des schönsten Abschnitts der Wanderung. Im Wald (keine Markierung!) halten Sie sich zunächst links. Sie nähern sich kurzzeitig der A14, bis Sie nach insgesamt 7,4 km den nach Waldsteinberg führenden Weg verlassen und rechts abzweigen. Der Weg führt nun mitten durch den Forst.

Nach weiteren 300 m erreichen Sie eine Schutzhütte ❺. Der darauffolgende, links abzweigende Weg führt Sie nach weiteren 800 m an eine Wegkreuzung. Hier weist Sie zum ersten Mal die gelb-weiße Markierung nach Brandis. Der Weg verläuft unterhalb des Kohlenberges und Sie erreichen nach insgesamt 9 km den Waldrand und ein Feld.

Der Kohlenberg

Der 179 m hohe Kohlenberg (von slawisch *Colm* = Berg) ist Teil der nordsächsischen Hügellandschaft. Während der Westbruch mit Wasser gefüllt ist und sich zum Tauchen eignet, nutzen Bergsteigerinnen und Bergsteiger den Ostbruch als Trainingsgelände.

Der Weg verläuft zunächst nicht unmittelbar in den Ort, sondern bleibt am Rand des Berges. Nach weiteren 300 m zweigen Sie dann auf dem Birkenweg in den Ort ab. (✋ An der Wegkreuzung, d. h. unmittelbar gegenüber der Informationstafel zum Kohlenberg, steht auf einem Grundstück zwischen zwei Bäumen ein Wegweiser.) Nach weiteren 200 m erreichen Sie eine Kreuzung. Hier wenden Sie sich nach links in Richtung des Brandiser Klinikums.

Am Klinikum angekommen wenden Sie sich nach rechts (✋ keine Markierung) und betreten einen zum Bahnhof führenden Feldweg. Nach insgesamt 10,9 km erreichen Sie das alte Bahnhofsgelände und den 🚌 Busbahnhof, das Ziel der Wanderung.

Brandis

Der im frühen 12. Jahrhundert erstmals urkundlich erwähnte Ort erhielt frühzeitig, d. h. um 1150, das Marktrecht. Seit dem 13. Jahrhundert gilt die Gegend um Brandis als ein begehrtes Steinabbaugebiet. Im Ort sind das ♜ Barockschloss, der Schlosspark – mit einem Mausoleum für den Freiherrn von Pentz, einem Wasserturm und einem Pavillon – und die ✝ Stadtkirche sehenswert.

✕ Restaurant im Brandiser Parkhotel, Bahnhofstraße 2, 04281 Brandis, ☏ 03 42 92/64 00, 🚪 Mo-Do 17:00-20:00

♦ Restaurant Am Schloss, Beuchaer Straße 2a, 04281 Brandis, ☏ 03 42 92/720 09, 💻 www.stadt-brandis.de, 🚪 Fr/Sa 11:00-20:00, So 11:00-17:00

♦ Gasthof Drei Linden, Lindenplatz 11, 04281 Brandis, ☏ 03 42 93/86 99 50, 🚪 Do-Sa 17:00-22:00, So 11:00-14:00 und 17:00-22:00

♦ Café Keller, Hauptstraße 33, 04821 Brandis, ☏ 03 42 92/862 03, 🚪 Di-Fr 6:30-18:00 und Sa 6:30-11:30

♦ Brandiser Hof, Markt 11, 04281 Brandis, ☏ 03 42 92/736 20, 🚪 täglich 15:00-20:00, So Ruhetag

☺ Nur 3,5 km in südwestlicher Richtung von Brandis entfernt liegt der Ort Beucha. Hier steht, thronend auf einer steilen Felskanzel, die überregional bekannte ✝ Bergkirche.

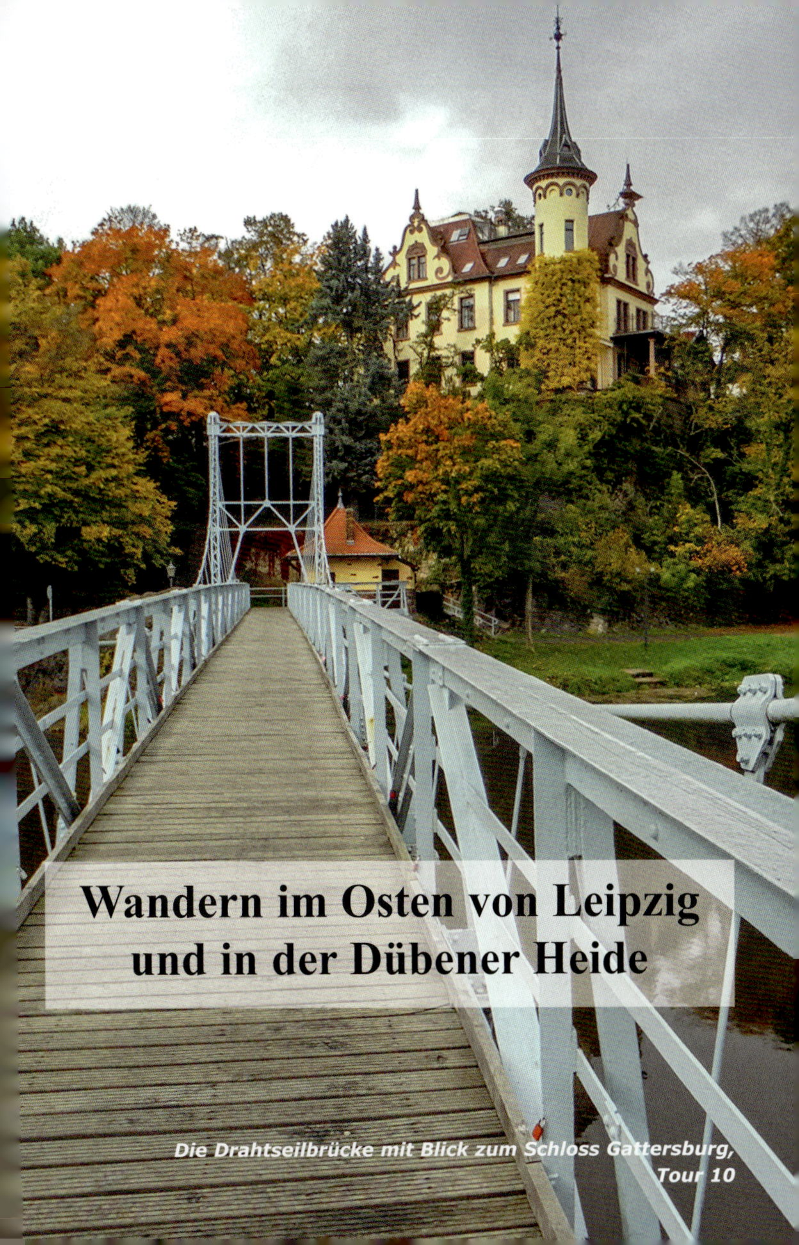

Wandern im Osten von Leipzig und in der Dübener Heide

Die Drahtseilbrücke mit Blick zum Schloss Gattersburg, Tour 10

⑩ Im Muldental – Rundwanderung um Grimma

Tour für Natur- und Kulturinteressierte

Die Tour führt am Ufer der Mulde bis zur Klosterruine in Nimbschen. Nach der Flussüberquerung auf einer handbetriebenen Seilfähre bei Höfgen beginnt der über den Jutta-Park und über den Rabenstein führende Rückweg, der schließlich in Grimma, dem Start- und Zielort der Wanderung, endet.

Start und Ziel: Bahnhof Grimma, GPS N 51°13.823' E 12°42.882'

10 km

2 Std. 10 Min.

124 m/117 m

129-166 m

Von Grimma bis zum Kloster Nimbschen teilweise Markierung des Lutherweges. Nach der Überquerung der Mulde wandern Sie bis nach Grimma auf dem gekennzeichneten „Weg der Steine".

Durch Grimma geht es auf Fußwegen und auf Wegen durch einen Park, danach kurzzeitig am Rand einer Straße mit anschließendem Waldweg. Der Rückweg erfolgt auf weichen und schattigen Waldwegen und nur kurzzeitig auf Wegen mit asphaltiertem Untergrund.

Restaurant Raffinesse (km 1,2 bzw. km 8,8), Klosterschänke im Kloster Nimbschen (km 3,4), Zur Wassermühle (km 4,7), Mühlenstube (km 5,6)

Auf dieser Wanderung stehen zahlreiche Bänke. Überdachte Rastplätze gibt es im Kloster Nimbschen (km 3,4), in Höfgen (km 4,9) und im Stadtwald von Grimma (km 7,8).

Für Kinder ist diese Tour sehr gut geeignet. Im Stadtpark in Grimma (km 0,6 bzw. km 9,4), im Ortszentrum von Höfgen (km 4,5) und an der Schiffsmühle (km 5,6) gibt es Spielplätze. Ihre Kinder wird zudem die Besteigung des Bismarckturmes im Jutta-Park begeistern (km 6,2).

Die Wanderung eignet sich, wenn Sie auf dem Abschnitt von der Schiffsmühle bis nach Grimma auf dem Uferweg bleiben und auf die Besichtigung des Jutta-Parkes verzichten, für die Mitnahme eines Kinderwagens.

Die Wanderung ist für Hunde sehr gut geeignet, weil die Wege durch mehrere Wälder und über große Wiesen verlaufen.

Am Bahnhof in Grimma gibt es zahlreiche Parkplätze.

Zwischen Leipzig und Grimma fahren stündlich Busse (Linie Nr. 690) und Züge.

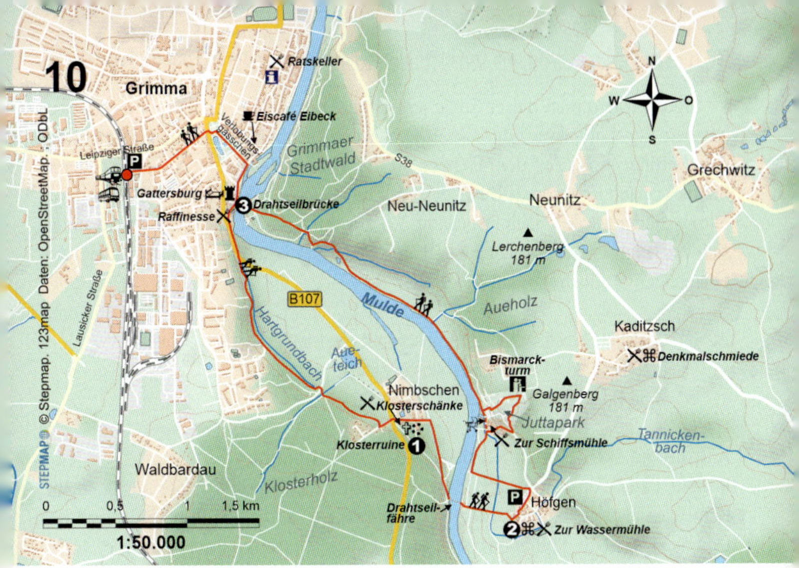

Den [Bus] [Zug] Bahnhof verlassen Sie stadteinwärts über die Karl-Marx-Straße. Diese führt Sie bergab bis zum Stadtpark. Hier angekommen wenden Sie sich nach rechts ([Hand] keine Markierung). Sie laufen auf der Hauptallee quer durch den Park und erreichen nach 1 km eine kleine Straße. Diese [Hand] überqueren Sie und betreten unmittelbar danach das Verlobungsgässchen. Die kleine Gasse führt Sie zur Großmühle und zum Ufer der Mulde. Hier wenden Sie sich nach rechts, sodass Sie entgegen der Flussrichtung laufen. Nach insgesamt 1,2 km erreichen Sie die den Eingang zum 1792 erbauten [Burg] Schloss Gattersburg und die Drahtseilbrücke, die mit 80 m die längste ihrer Art in Sachsen ist.

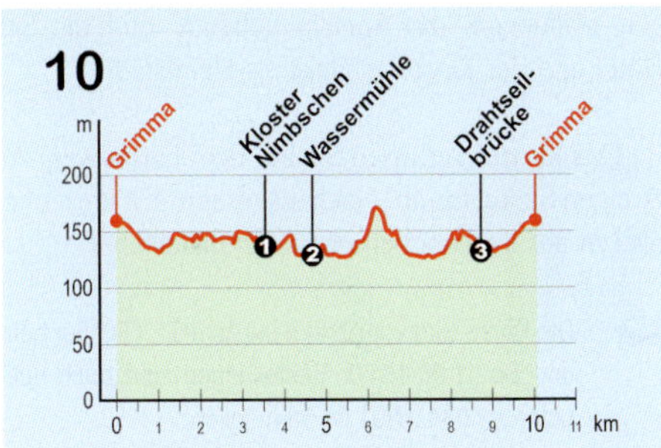

[Restaurant] Restaurant Raffinesse, Colditzer Weg 1, 04688 Grimma, [Telefon] 034 37/948 37 97, [Öffnungszeiten] Mo, Do 12:00-21:00, Fr 12:00-22:00, Sa 11:30-22:00, So und Feiertage 11:30-18:00, Di und Mi Ruhetag

Sie überqueren an dieser Stelle jedoch nicht den Fluss, sondern laufen weiter auf dem ✎ Lutherweg, der Sie 200 m weiter leicht bergauf zur Fürstenstraße der Wettiner führt. Auf dem Fußweg an der Straße angekommen ✋ überqueren Sie diese nach weiteren 200 m. Der Weg führt Sie nun durch einen Wald und zur Nimbschener Lache. Nach insgesamt 3,3 km verlassen Sie den Wald. Sie wenden sich nach links und erreichen nur wenige Hundert Meter später die Ruine des ehemaligen ✝ Klosters Nimbschen ❶.

✕ Gaststätte Klosterschänke, Nimbschener Landstraße 1, 04668 Grimma, ☏ 034 37/95 51 87, 💻 www.kloster-nimbschen.de, 🚪 So-Do 11:30-21:00, Fr-Sa 11:30-22:00

Katharina von Bora und das Kloster Nimbschen

In dem 1243 von den Zisterziensern erbauten Kloster steht heute nur noch die Ruine des Hauptgebäudes. Bis 1523 lebte hier u. a. die 1499 in Lippendorf bei Leipzig geborene Katharina von Bora 13 Jahre als Nonne, bevor sie 1523 gemeinsam mit 8 weiteren Ordensschwestern aus dem Kloster floh. Die ehemaligen Stallungen, das Speichergebäude und die Schmiede dienen heute einem Hotel und der Klosterschänke als Heimstätte.

Das Kloster verlassen Sie auf dem Lutherweg. An der nächsten Wegkreuzung zweigen Sie rechts ab. Nach insgesamt 4,2 km stehen Sie am Ufer der Mulde und blicken auf die handbetriebene Drahtseilfähre.

⛴ Die Fähre wird von Ostern bis zum 31. Oktober betrieben. Mo-Fr 11:00-16:00 und Sa und So 11:00-18:00. Bestellungen sind auch außerhalb der angegebenen Zeiten unter ☏ 034 37/91 51 58 möglich.

Am anderen Ufer angekommen laufen Sie in den nur wenige Hundert Meter entfernten Ort Höfgen, wo Sie auf das ✕ ⌘ Gasthaus Zur Wassermühle ❷ treffen.

✕ ⌘ Zur Wassermühle, Dorfplatz 10, 04668 Grimma, ☏ 034 37/91 71 53, 💻 www.wassermuehle-hoefgen.de, 🚪 Gasthaus Fr 17:00-22:00, Sa-Mo 11:00-22:00. In der Wassermühle befindet sich auch ein Museum, 🚪 April-Oktober Fr-So und Feiertage 12:00-17:00, sonst nach Absprache.

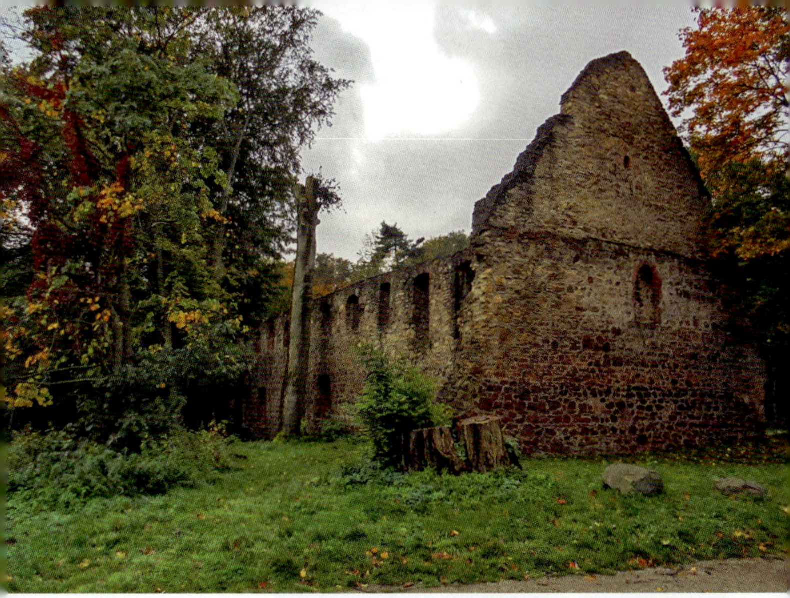

Die Klosterruine in Nimbschen

Höfgen

Höfgen erhielt vor einigen Jahren die Auszeichnung eines der „schönsten sächsischen Dörfer" zu sein. Im Dorfzentrum, dem „Ort der Sinne", sind die 1450 erbaute ✝ Wehrkirche, sanierte Fachwerkhäuser, die 1721 erbaute Wassermühle, ein historisches Mühlenrad und das ✕ ⌘ Gasthaus Zur Wassermühle sehenswert.

☺ Von April bis Oktober findet am ersten Samstag im Monat ab 10:00 Uhr eine öffentliche Führung durch den Ort statt. Zu Ostern eröffnen jedes Jahr ein kleiner Markt und ein Osterfeuer die Schiffssaison. 💻 www.dorfdersinne.de

Höfgen verlassen Sie durch eine kleine Gasse, die schräg gegenüber vom Gasthaus Zur Wassermühle beginnt und die Sie zu einem großen ⩲ Park- und Rastplatz führt. Danach folgen Sie der zum Ufer der Mulde führenden Nebenstraße. Am Flussufer biegen Sie rechts ab und kommen nur 700 m vom Ort entfernt zum ✕ Restaurant Mühlenstube im Erlebnishotel Zur Schiffsmühle. Das 1871 erbaute und 1952 von der Familie Sörnitz erworbene Gebäude ersetzt eine Schiffsmühle, die hier einst im Wasser stand.

Mühlenstube, Zur Schiffsmühle 2, 04668 Grimma, OT Höfgen, 034 37/760 20, www.hotel-zur-schiffsmuehle.de, tägl. 10:00-22:00

Die Mühle können Sie auf zwei Wegen verlassen. Sollten Sie einen Kinderwagen dabeihaben, dann empfiehlt sich der asphaltierte Uferweg, der Sie auf dem Weg der Steine bis zum Rabenstein und schließlich nach Grimma führt.

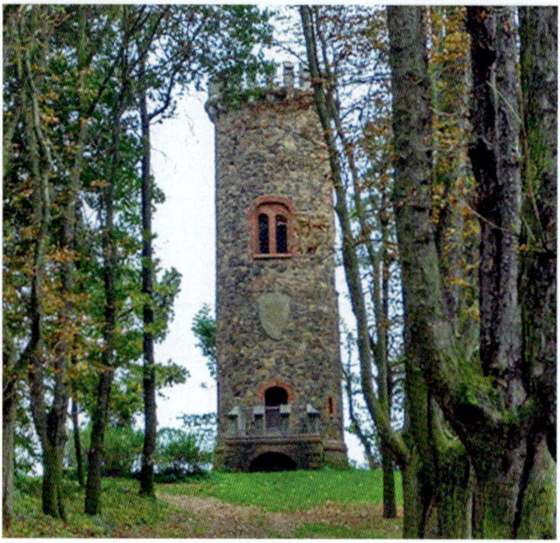

Der Bismarckturm im Jutta-Park

Sie verlassen die Mühle in Richtung Jutta-Park und betreten nach 200 m einen links von der Nebenstraße abzweigenden Pfad (keine Markierung, dafür steht hier ein großer Porphyrfelsen). Der Pfad führt Sie leicht bergauf bis zum 1904 erbauten und 20 m hohen ⌘ Bismarckturm. Im Inneren des Turmes, den Sie besteigen können, ist eine Klanginstallation eingerichtet.

☺ Am Turm beginnt ein bis nach ⌘ Kaditzsch führender Wanderweg. In Kaditzsch steht die zu einem Kulturzentrum umgebaute Denkmalschmiede. Sie ist Heimstätte für ein Café, kulturelle Veranstaltungen und das jedes Jahr am 1. Mai stattfindende Lämmerfest.

⌘ Denkmalschmiede Kaditzsch, Teichstraße 2, 04668 Grimma, OT Kaditzsch, 034 37/987 70, www.hoefgen.de, Mo-So 7:00-10:00 (Frühstück) und Mo-Do 18:00-21:00 (Abendbrot), um telefonische Anmeldung wird gebeten ☺ Am 1. Mai findet in Kaditzsch das alljährliche Lämmerfest statt. An diesem Tag musizieren auf dem Hof und auf einer großen Wiese Bands aus der Region, auch werden ökologische Handwerksprodukte verkauft und abends beendet ein großes Lagerfeuer das Fest.

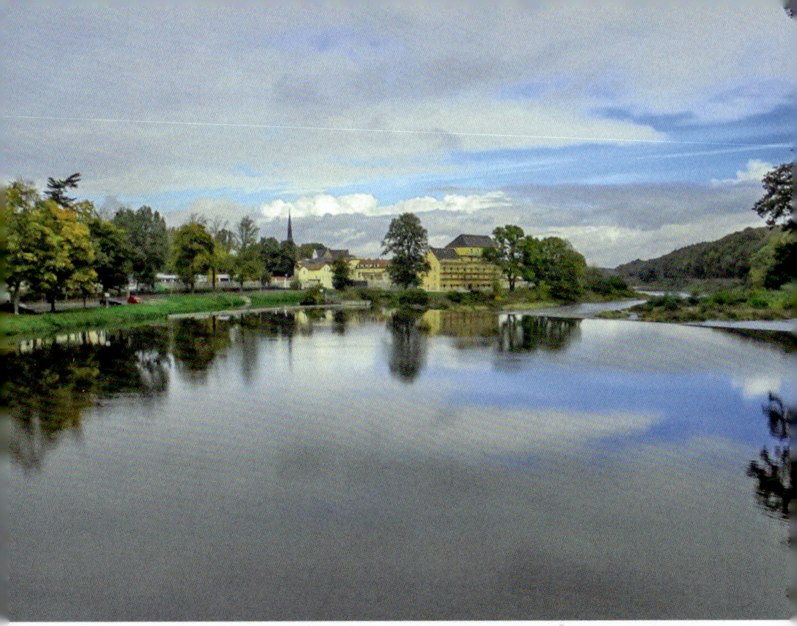

Blick von der Drahtseilbrücke auf die Mulde vor Grimma

Den Jutta-Park, der 1900 von Ida-Jutta von Gleisenberg, der Frau des damaligen Besitzers der Schiffsmühle, im Stil eines englischen Landschaftsgartens mit italienischen Elementen angelegt wurde, verlassen Sie auf einer durch den Park bergab führenden Allee. Der Allee folgen Serpentinen, die bis zur Schiffsmühle führen. Am Ufer der Mulde angekommen laufen Sie auf dem Weg der Steine in Flussrichtung bis zum Rabenstein.

Dem Felsen folgt der gemächliche Abstieg in den Grimmaer Stadtwald, bis Sie nach dem Verlassen des Waldes die über die Mulde führende Drahtseilbrücke ❸ betreten. Am anderen Ufer angekommen laufen Sie in Richtung der Großen Mühle und betreten unmittelbar davor das links abzweigende Verlobungsgässchen. Von dort gelangen Sie durch den Stadtpark und entlang der Karl-Marx-Straße zum Bahnhof.

☺ Die Große Mühle und der Stadtpark sind nur wenige Hundert Meter entfernt vom Stadtzentrum. Ein Besuch der Stadt Grimma und des etwas außerhalb vom Stadtzentrum stehende Göschenhauses sind empfehlenswert.

Grimma, die „Perle des Muldentales“

Die Stadtgründung von Grimma erfolgte 1200 durch den Markgrafen Otto der Reiche. In Grimma, das viele Jahrhunderte gemeinsam mit Torgau und Oschatz dem Städtebund „Die Geharnischten“ angehörte und das mehrmals – zuletzt 2002 und 2013 – vom Hochwasser der Mulde überschwemmt wurde, stehen das 1550 erbaute Fürstengymnasium St. Augustin und die von 1716 bis 1719 errichtete Pöppelmannbrücke. Im Stadtzentrum sind zudem das im Stil der Renaissance erbaute Rathaus, die doppeltürmige ✝ Frauenkirche aus dem 12. Jahrhundert, das Seume-Haus, das Barockhaus Stadtgut und das ♜ Schloss, das seit 2009 Sitz des Justizministeriums ist, sehenswert. In Grimma wohnte von 1797 bis 1801 auch Johann Gottblieb Seume, der die moderne Reiseliteratur mitbegründete.

📖 Johann Gottfried Seume, Spaziergang nach Syrakus, München 2015

ℹ Touristinformation, Markt 23, 04668 Grimma, ☎ 034 37/977 90-11,
🚪 Mo, Di, Do, Fr 10:00-17:00, Sa 10:00-14:00 ☺ Vor der Touristinformation ist von Mai bis September jeden Sa 11:00 der Treffpunkt für Führungen durch die Altstadt. Der Gästeführer Holger Heydrich bietet zudem individuelle historische Stadtführungen an. Anmeldungen unter 📱 01 74/906 45 81

⌘ Museum Göschenhaus – Seume Gedenkstätte, Schillerstraße 25, 04668 Grimma, ☎ 034 37/91 11 18, 🚪 Mi-So 11:00-16:00 und nach Vereinbarung

✕ Ratskeller, Markt 27, 04668 Grimma, ☎ 034 37/941 84 44,
💻 www.ratskellergrimma.de, 🚪 Mi-Fr 17:00-22:00, Sa 11:30-15:00 und 17:00-22:00, So 11:30-15:00 und 17:00-21:00, Mo und Di Ruhetag

♦ Restaurant Zur Großmühle, Großmühle 1, 04668 Grimma, ☎ 034 37/70 28 33,
🚪 Mi-Fr ab 17:00, Sa und So ab 11:30, Mo und Di Ruhetag

♦ Vogels Ballhaus. Oberwerder 9, 04668 Grimma, ☎ 034 37/91 10 63,
🚪 Mo-Fr 11:00-14:00 und ab 17:30, Sa und So 11:00-14:00, Do Ruhetag

♦ Trattoria Marco Polo, Wurzener Straße 31, 04668 Grimma, 📱 01 77/201 11 74,
🚪 Di-Sa ab 17:30, So 11:00-14:30 und ab 17:30, Mo Ruhetag

✕ ☕ Restaurant und Café Raffinesse, Colditzer Weg 1, 04668 Grimma,
☎ 034 37/948 37 97, 💻 www.raffinesse-grimma.de, 🚪 Mo, Mi und Do 12:00-21:00, Fr 12:00-22:00, Sa 11:30-22:00 und So 11:30-19:00, Di Ruhetag

☕ Eiscafé Eibeck, Töpferstraße 10, 04668 Grimma, ☎ 034 37/91 91 10,
🚪 Di-So 13:00-18:00

⑪ Im Reich der Schildbürger – von Doberschütz nach Schildau

Tour für Naturbegeisterte

Einer Legende zufolge lebten in Schildau einst sonderbare Bürgerinnen und Bürger. Sie bauten zum Beispiel ein Rathaus ohne Fenster, hoben eine Kuh auf eine Mauer und führten einen Prozess gegen einen Krebs. Die Schildbürger gibt es (wahrscheinlich) nicht mehr. Geblieben sind jedoch die Erinnerungen an ihre Streiche. Und geblieben ist zudem eine beschauliche, im Schatten des Schildauer Bergs und eines einstigen riesigen Vulkangebirges (der jetzigen Hohburger Berge) liegende Kleinstadt, in der 1760 der preußische General von Gneißenau geboren wurde und 2013 der Politiker Lothar Bisky während der Sanierung seines Wohnhauses tödlich verunglückte.

→ Start: Bahnhof Doberschütz, GPS N 51°29.533' E 12°44.740';
Ziel: Marktplatz in Schildau, GPS N 51°27.346' E 12°55.793'

21,3 km

5 Std. 40 Min.

↑↓ 244 m/233 m

⇧ 112-217 m

Die Wanderung führt zunächst über gut begehbare, jedoch oft nicht gekennzeichnete Wald- und Wiesenwege. Von Röcknitz bis zum Kuhteich folgen Sie den Hinweisschildern „Zum Kuhteich" und beim Abstieg vom Schildberg der Markierung des Schlangenweges bzw. den Hinweisschildern „Schildau". Durch Schildau führt Sie zudem die Markierung des Lutherweges.

vom Bahnhof in Doberschütz kurzzeitig am Rand einer Straße, danach größtenteils auf sandigen Feld- und auf schattigen Waldwegen, nur vereinzelt Fußwege am Rand von Nebenstraßen

Keine Einkehrmöglichkeiten am Weg. In Doberschütz, Schildau und am Naturmühlenteich gibt es abseits des Weges Gaststätten.

im Mölbitzer Holz (km 2,7), in Röcknitz (km 7,2), am Kuhteich (km 9,4), im Wald Klinge (km 14,3), auf dem Schildauer Berg (km 17,5) und abseits des Weges in Schildau

Keine Bademöglichkeit am Weg, aber das Seebad Schildau mit Naturbad Neumühlenteich mit einer Großwasserrutsche, einem Abenteuerspielplatz und einer Seebadklause befindet sich nur 2,3 km entfernt vom Schildauer Stadtzentrum.

Die Tour ist nur für konditionsstarke Kinder geeignet. Der Blick vom Aussichtsturm auf dem Schildauer Berg (km 18,2), der Schildbürgerspielplatz und das Stadtmuseum in Schildau abseits des Weges entschädigen Ihre Kinder für die lange Tour.

Da die Wanderung auf Feldwegen, durch mehrere Wälder und auf den Schildauer Berg führt, ist sie für Kinderwagen nicht geeignet.

Die Tour ist für Hunde sehr gut geeignet, da mindestens zwei Drittel der Strecke durch Wälder verlaufen.

P In Doberschütz und in Schildau gibt es große Parkplätze.

Von Leipzig nach Doberschütz fährt alle zwei Stunden ein Zug. Von Schildau fährt Mo-Fr (kein Busverkehr am Wochenende) fünfmal täglich ein Bus der Linie 753 nach Mockrehna und dreimal täglich (nur zwischen 12:00 und 15:00) ein Bus der Linie 781 nach Dahlen. In Dahlen und Mockrehna können Sie in nach Leipzig fahrende Regionalzüge umsteigen, die stündlich fahren. ☺ Der Zug von Mockrehna und Leipzig hält auch in Doberschütz.

Bitte planen Sie für diese Wanderung eine Selbstversorgung ein!

Vom Bahnhof in Doberschütz folgen Sie der nach Mölbitz führenden Landstraße. Bereits nach 700 m zweigt ein asphaltierter Weg links von der Straße ab. Sie betreten den Weg und laufen zwischen zwei Feldern bis zur nächsten T-Kreuzung, wo Sie sich nach rechts wenden.

Unterwegs

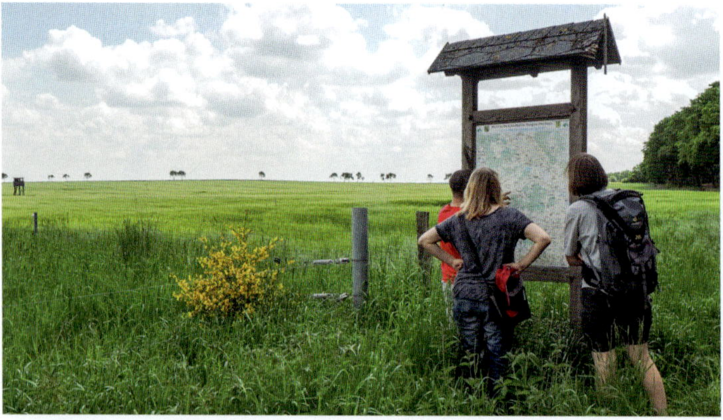

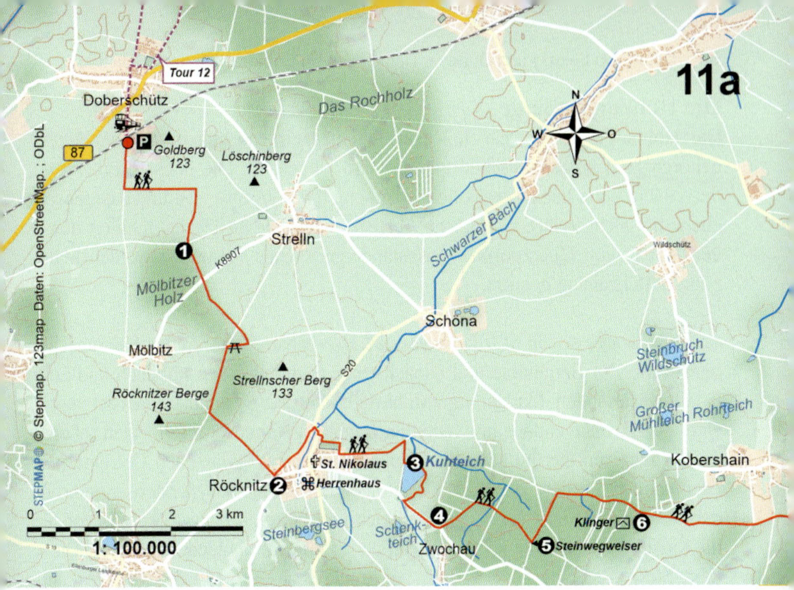

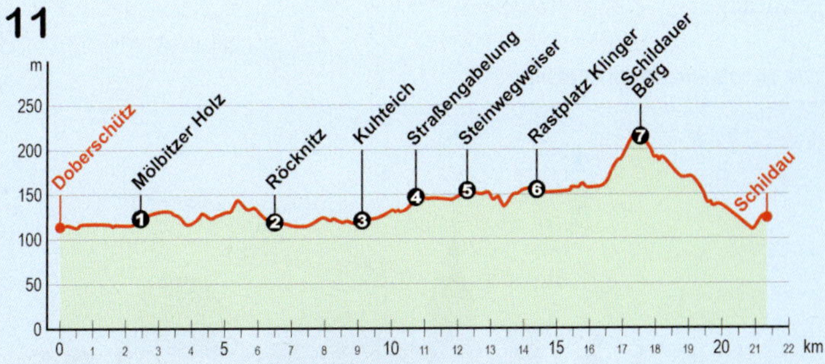

Nach insgesamt 2,5 km erreichen Sie die Grenze des Mölbitzer Holzes ❶. Mit dem Blick zum Schildauer Berg laufen Sie stets geradeaus und ✋ überqueren zweimal eine kleine Straße, bis Sie an der dritten Kreuzung nach rechts in den Wald abzweigen. Nach 300 m erreichen Sie eine weitere Wegkreuzung und eine ⛩ hier stehende Bank. Sie wenden sich nach links und laufen zwischen Ginster, Nadelbäumen, Birken, Eichen und Buchen und einem Feld – bis zu einer weiteren ✋ Straße. Auf dieser gehen Sie nach links und erreichen nach insgesamt 6,3 km Röcknitz ❷, ein am Rand der Hohburger Berge liegendes Dorf.

Die Hohburger Berge

Die Hohburger Berge, ein Teil eines ehemaligen, mächtigen Vulkangebirges, gehören zum nordsächsischen Platten- und Hügelland. Die höchste Erhebung, der 240 m hohe Löbenberg, offenbart noch immer großflächige und weitgehend ebene bis leicht wellige eiszeitliche Ablagerungen. Die im 19. Jahrhundert durch den Abbau von Quarzporphyr auseinandergerissenen Felswände werden heute zum Klettertraining genutzt.

In Röcknitz, wo ein 500 Jahre altes ⌘ Herrenhaus steht, folgen Sie zunächst der Straße Zur Bergmühle und danach einer nach links zum Kuhteich und zum Findling weisenden Markierung (Mühlweg). Der Weg verläuft zunächst hinter einer Häuserreihe entlang und bietet nach einigen Hundert Metern einen sehenswerten Blick auf die ✞ Kirche St. Nikolaus. An einem verlassenen Getreidespeicher wenden Sie sich nach rechts. Sie folgen der erwähnten Markierung, umrunden nach insgesamt 7,4 km den Dorfteich und betreten danach, kurz bevor Sie die Kirche erreichen, die nach links von der Straße abzweigende Torfgasse. Diese führt Sie in Richtung eines Feldes, um unmittelbar davor zunächst nach rechts und nur wenige Meter später nach links zu schwenken. Der Weg verläuft danach geradeaus.

Die Nikolaikirche in Röcknitz

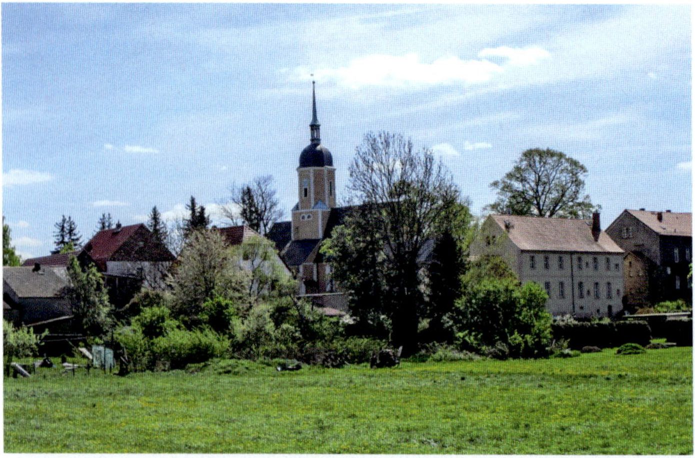

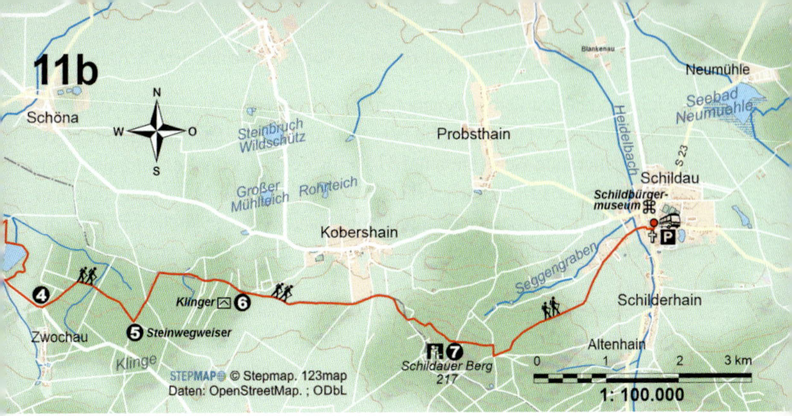

Sie laufen an einer landwirtschaftlichen Produktionsanlage vorbei und zweigen nach insgesamt 8,9 km (vergilbter Wegweiser!) nach rechts ab. Wenige Hundert Meter später betreten Sie endlich das Ufer des Kuhteiches ❸. Den Teich umrunden Sie links, bis Sie nach einigen Hundert Metern die am Ufer aufgestellte Informationstafel zur „Sage vom Röchnitzer Riesenstein“ erreichen.

Der weitere Weg verläuft am Ufer des Teiches entlang, bevor er an einer Straße endet. Auf diese biegen Sie nach links ab.

Nach insgesamt 10,7 km erreichen Sie eine Straßengabelung ❹. Hier zweigen von der Straße nach links (keine Markierung!) zwei Waldwege ab. Sie betreten den rechteren und zugleich etwas größeren Weg. Der Weg führt zumeist geradeaus über mehrere Lichtungen und über einen Bach. Bei km 11,3 biegen Sie an einer T-Kreuzung rechts ab. Der Weg endet bei km 12,2 an einem Steinwegweiser ❺. Hier wenden Sie sich nach links in Richtung „Wildschütz“. Nach ca. 500 m sehen Sie durch die letzten Baumreihen ein dahinter liegendes Feld. Am Waldrand angekommen wenden Sie sich dann nach rechts und folgen der Markierung eines Fahrradweges bzw. der grün-weißen Markierung.

Nach der Bewältigung einer kleinen Anhöhe erreichen Sie schließlich den Rastplatz Klinger ❻. Diesem folgt ein rechts abzweigender Weg, der Sie mit dem Blick zum Schildauer Berg über eine große Wiese und entlang eines Feldes fast bis zur sehenswerten Kobershainer Windmühle führt. Sie laufen an der Mühle jedoch vorbei und wenden sich nach rechts in Richtung Schildauer Berg. Sie betreten das nächste Waldgebiet und folgen dem ersten, in linker Richtung bergaufwärts führenden Weg. Dieser führt Sie auf den Gipfel des 217 m hohen Berges. Dort steht der 26 m hohe Aussichtsturm ❼ (April-Oktober 11:00-18:00). Der Abstieg vom Schildauer Berg ist sehr gut markiert.

Sie folgen zunächst dem sogenannten ✎ Schlangenweg und danach den nach Schildau zeigenden Wegweisern, bis Sie nach insgesamt 20,2 km den Ort erreichen. Die Markierung weist Sie am 1813 errichteten Friedhof entlang und nach der Überquerung des Heidebaches bis zur ✞ Stadtkirche St. Marien und dem hier stehenden ❀ ältesten Maulbeerbaum Deutschlands. Ab der Kirche weist Sie die ✎ Markierung des Lutherweges zum Marktplatz, dem Ziel dieser Wanderung.

☺ Auf dem Marktplatz sind auch die Haltestellen für die Buslinien 753 und 781. Diese fahren regelmäßig nach Mockrehna bzw. nach Dahlen. Dort haben Sie Anschluss an die (über Wurzen bzw. über Eilenburg) nach Leipzig fahrenden Regionalzüge.

Schildau und seine Bürger

In grauen Vorzeiten galten die Einheimischen in Schildau als besonders klug und als besonders gelehrt. Viele Bürger verließen ihre Heimatstadt und machten in der Fremde Karriere. Der Bürgermeister und die Frauen der Stadt, die den Wegzug ihrer Männer beklagten, kamen eines Tages auf die Idee, sich gemeinsam mit den Männern zukünftig dumm zu stellen. Die Täuschung gelang grandios. Der bisher aufgrund der Gelehrsamkeit seiner Bürger geschätzte Ort verwandelte sich innerhalb weniger Jahre zum Symbol für eine Stadt, in der die Kleingeistigkeit und Dummheit regierten. Heute offenbart sich Schildau als eine in sich ruhende Kleinstadt, die im Stadtmuseum und auf dem Schildbürgerspielplatz die bekanntesten Streiche der Schildbürger nachstellt. Weitere Sehenswürdigkeiten sind das 1841 erbaute Rathaus, die ✞ Kirche St. Marien, der ❀ älteste Maulbeerbaum Deutschlands und der Schildbürgerbrunnen.

📖 Erich Kästner, Die Schildbürger, Atrium-Verlag, Zürich, 2010

⌘ Museum der Schildbürger, Marktstraße 14, 04889 Schildau, ☏ 03 42 21/622 31,
Di-Fr 10:00-12:00 und 13:00-16:00, Sa und So 13:30-16:00, Mo Ruhetag

✕ Zu den echten Schildbürgern, Am Markt 4, 04889 Schildau, ☏ 03 42 21/523 11,
Mo-Fr 10:00-14:00 und So 10:00-20:00

☺ ↳ Das Seebad Schildau mit Naturbad Neumühlenteich ist vom Stadtzentrum (in Richtung Torgau) nur 2,3 km entfernt.

♦ Seebad Schildau mit Naturbad Neumühlenteich, Dahlienweg 1, 04889 Schildau,
☏ 03 42 21/504 06,
19. Mai bis 01. September Mo-Fr 12:00-18:00, Sa und So 10:00-18:00

12 Die Kraniche im Blick – in der Dübener Heide

Tour für Naturbegeisterte und für Ornithologinnen und Ornithologen

Der in der Dübener Heide liegende Presseler Heidewald und das Moorgebiet bilden ein einzigartiges, aus seltenen Natur- und Kulturlandschaften bestehendes Mosaik. Die besonderen Höhepunkte der an Sümpfen und kleinen Seen vorbeiführenden Wanderung sind das am nördlichen Rand des Wildenhainer Bruchs liegenden Dorf Torfhaus und der Besucherhochstand zur Beobachtung der Kraniche, der in unmittelbarer Nähe des Ortes eingerichtet wurde.

Start und Ziel: Bahnhof Doberschütz, GPS N 51°29.536' E 12°44.716'

17,9 km

4 Std. 40 Min.

134 m/134 m

100-119 m

von Doberschütz bis zum Ort Torfhaus gelb-weiße Markierung, danach nur noch sporadische Wegweiser ohne farbliche Kennzeichnung

durch Doberschütz auf kleinen Fußwegen, danach ausschließlich auf Feldwegen und auf schattigen Wegen durch einen Wald

Rasthof Doberschütz (km 16,8).

Im Ort Torfhaus gibt es einen großen Rastplatz mit einer Informationstafel zur Umgebung (km 7,7), ein weiterer Rastplatz ist an dem Besucherhochstand für Kraniche (km 8,7) eingerichtet.

Abseits des Weges können Sie im Morellensee bei Doberschütz baden.

Der Besucherhochstand für Kraniche (km 8,7) ist für naturbegeisterte Kinder der Höhepunkt der Wanderung und ersetzt einige Biologiestunden. ☺ Nur 700 m vom Doberschützer Stadtzentrum entfernt befinden sich an der B87 (in Richtung Mockrehna) der Morellensee und eine Bademöglichkeit.

Die Mitnahme eines Kinderwagens ist wegen des Moorgebietes nur bei trockenem Wetter zu empfehlen.

Ihre vierbeinigen Freunde werden diese Wanderung, die fast ausschließlich durch ein großes Waldgebiet, den Wildenhainer Bruch, verläuft, lieben!

In Doberschütz gibt es zahlreiche Parkplätze.

Von Leipzig nach Doberschütz fährt alle zwei Stunden ein Zug. Von Doberschütz zurück nach Leipzig fährt der Zug stündlich.

Vom Bahnhof laufen Sie stadteinwärts und überqueren nach 400 m die B87. Danach betreten Sie kurz einem Radweg und später eine in das Doberschützer Ortszentrum führende, kleine Straße. Diese führt Sie zu einer am Rand einer Kreuzung stehenden Informationstafel ❶.

Doberschütz – Am Rand der Dübener Heide

Das 1314 von slawischen Siedlern gegründete Dorf liegt – eingebettet in einem aus Nadelhölzern bestehenden Waldgebiet – idyllisch in der Landschaft. Während in Doberschütz vor allem die 1928 erbaute ✞ Dorfkirche und der alte Dorfanger sehenswert sind, stehen in der unmittelbaren Umgebung mit der Turmwindmühle Friedemann in Paschwitz und mit der ✞ Dorfkirche in Battaune (mit einem spätgotischen Schnitzaltar) weitere kulturhistorische Kostbarkeiten.

☺ Im nur 700 m von hier in nordöstlicher Richtung von Doberschütz entfernt liegenden Morellensee (unmittelbar an der B87 in Richtung Mockrehna) können Sie im Sommer baden. Am Ufer des Sees erwartet zudem das Restaurant Morellensee seine Gäste.

✕ Restaurant Morellensee, Eilenburger Chausee 74, 04838 Doberschütz, ☏ 03 42 44/596 76, www.seen.de/morellensee/, Fr 16:00-00:00, Sa 15:00-20:00, So 15:00-23:00, Mi, Do 16:00-23:00, Mo und Di geschlossen

Die Informationstafel ist der Ausgangspunkt des grün-weiß markierten Wanderweges, der bis zum Ort Torfhaus führt. Sie laufen zunächst auf dem Försterweg in Richtung Wald. Diesen erreichen Sie, umgeben von Apfel- und Birnenbäumen sowie von Ginsterbüschen und Pfauenaugen, nach insgesamt 2,3 km ❷.

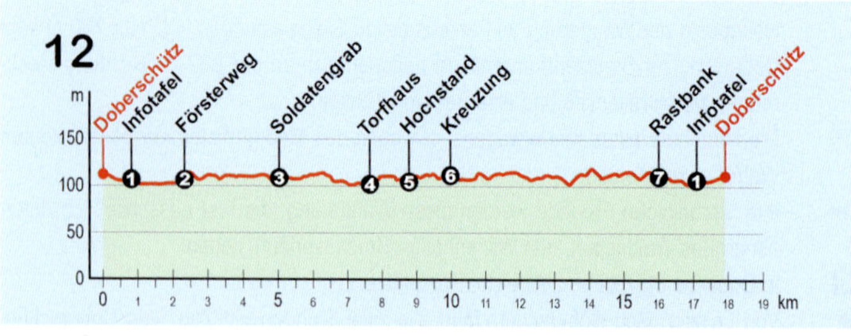

Nach weiteren 300 m blicken Sie auf ein links neben dem Weg stehendes, einsames Haus. Als ebenso mystisch und geheimnisvoll offenbart sich auch der grün-weiß markierte Weg, der Sie u. a. an das ⌘ Grab des unbekannten Soldaten ❸ führt. Dem Grab folgen nach insgesamt 5,1 km eine größere Wegkreuzung und Hügelgräber, die rechts des Weges zwischen den Bäumen liegen. Sie überqueren die Wegkreuzung und bleiben auf dem Försterweg. Auf diesem laufen Sie durch das nun beginnende Moorgebiet und gelangen schließlich in das Dorf Torfhaus ❹.

Das Dorf Torfhaus

Die ersten Bewohner des 1793 von der kursächsischen Forstverwaltung gegründeten Dorfes waren ein Torfmeister und mehrere Auflader. Diese waren mit ihren Familien in die Dübener Heide gezogen, um den im Wildenhainer Bruch liegenden Torf (ein im

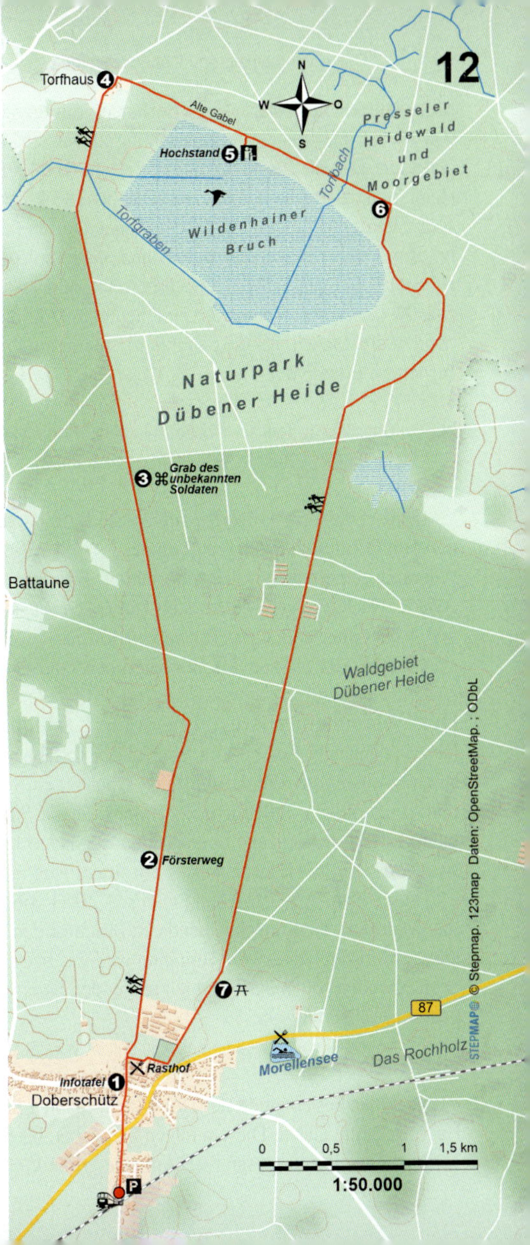

Moor entstehendes organisches Sortiment) auszugraben und für die Schmelzung von Metall bzw. für die Salzgewinnung zu nutzen. Zu Abnehmern dieses Torfs gehörten u. a. die Saline in Dürenberg und das Alaunwerk in Düben. Die in der Heide praktizierte Torfgräberei sicherte bis 1854 mehreren Familien die Existenz, sodass in der Mitte des 19. Jh. ein kleines Dorf in Form eines großen Vierseitenhofes mit einem kleinen Markt entstand. Gegenwärtig wohnen im mitten im Wald gelegenen Ort vier Familien. Auch betreibt die Familie Heinze seit einigen Jahren eine ✕ Gaststätte. Sehenswert sind heute im Dorf die in der Mitte des Ortes stehenden drei Eichen, die Schutzhütte mit den Informationstafeln und dem hölzernen Moorkobold.

✕ Gaststätte in Torfhaus, Torfhaus 4, 04849 Pressel-Wildenhain, OT Torfhaus, ☏ 03 42 43/262 15, Sa und So 11:00-20:00

Beim Verlassen des Dorfes achten Sie bitte darauf, dass Sie unmittelbar vor dem Ortsausgang den rechts abzweigenden Weg Alte Gabel betreten. Die am Wegrand aufgestellten Tafeln informieren Sie über Wissenswertes zum Thema „Wald". Nach wenigen Metern steht am linken Wegrand eine kleine Holzbank und 1 km hinter dem Ortsausgang von Torfhaus zweigt rechts vom Weg ein kleiner Pfad ab, der Sie zum Besucherhochstand ❺ führt.

Der Wildenhainer Bruch und seine Kraniche

Der Wildenhainer Bruch ist ein ehemaliges Torfabbaugebiet und als der deutschlandweit südlichste Sammelpunkt für Kraniche ein Paradies für Ornithologinnen und Ornithologen. Im Bruch, wo zudem seltene Pflanzen wie die Sumpfdotterblume, der Adlerfarn, die Seerose und der blaue Enzian wachsen, versammeln sich jedes Jahr im Herbst Kraniche vor ihrem Flug in den Süden.

Dieses Naturschauspiel kann man seit 2004 von einem Hochstand beobachten. Man sieht die Kraniche abends im Bruch landen und im flachen Moorwasser ihre Schlafplätze aufsuchen. Umrahmt wird das beeindruckende Ereignis an manchen Abenden von in den Sümpfen tanzenden Starenschwärmen und vom Röhren paarungswilliger Hirsche.

www.naturpark-duebener-heide.de und www.nabu-sachsen.de

Nach der Besichtigung des Hochstandes laufen Sie auf dem Pfad zurück zum Hauptweg Alte Gabel. Diesem folgen Sie rechts, bis Sie – nach Überquerung des Torfbaches – nach insgesamt 9,9 km eine große Wegkreuzung ❻ erreichen.

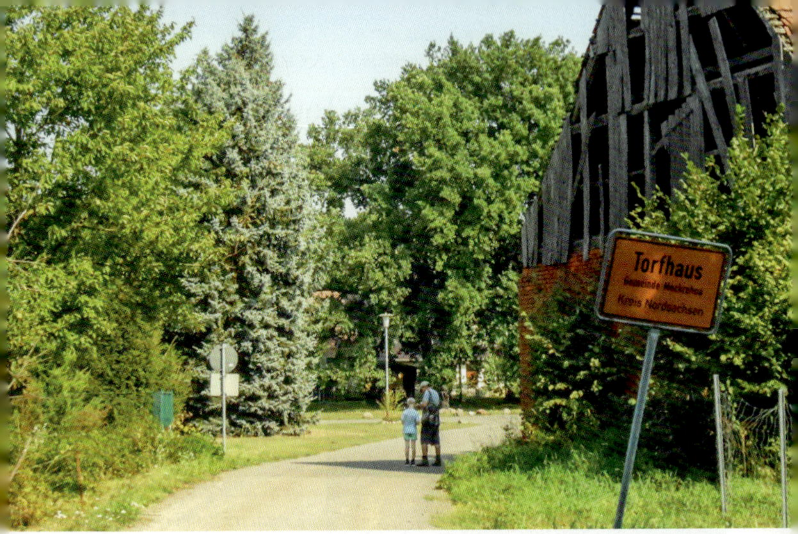

Im Dorf Torfhaus

Hier halten Sie sich erneut rechts und verlassen die Alte Gabel auf dem nach Süden verlaufenden Weg Die Drei. Der zunächst schmale, abwechslungsreiche und kurvenreiche Weg führt Sie am Rand des Sumpfgebietes des Bruchs bis zu einer zweiten Wegkreuzung, wo der Weg breiter wird. Sie bleiben auf dem nun geradeaus und durch den Wald verlaufenden Weg, bis Sie die durch den Bruch führende Hauptstraße erreichen. Sie überqueren die Straße und folgen dem am Rand der Straße stehenden, nach Doberschütz zeigenden Wegweiser.

Nach insgesamt 16 km erreichen Sie eine Wegkreuzung mit einer hier stehenden Bank ❼ mit Blick auf den vor Ihnen liegenden Ort Doberschütz. Sie laufen bis zum Sportplatz, wo Sie dann dem rechts abzweigenden Weg folgen. Dieser führt vorbei am ✕ Rasthof Doberschütz.

✕ Rasthof Doberschütz, Martha-Brautzsch-Straße 36, 04838 Doberschütz,
☏ 03 42 44/503 77, 💻 www.rasthof-doberschuetz.de,
🚪 Mo, Di und Do, Fr 6:00-20:00, Mi 11:00-15:00, Sa 11:00-20:00, So 11:00-15:00

Sie laufen weiter bis in das Ortszentrum zu der bereits bekannten Informationstafel. Hier biegen Sie nach links ab und kommen auf dem vom Hinweg bekannten Weg schließlich bis zum 🚆 Bahnhof von Doberschütz, dem Ziel dieser Wanderung.

⑬ Die Michael-Kohlhaas-Tour – am Rand der Dübener Heide

Tour für Natur- und Kulturbegeisterte

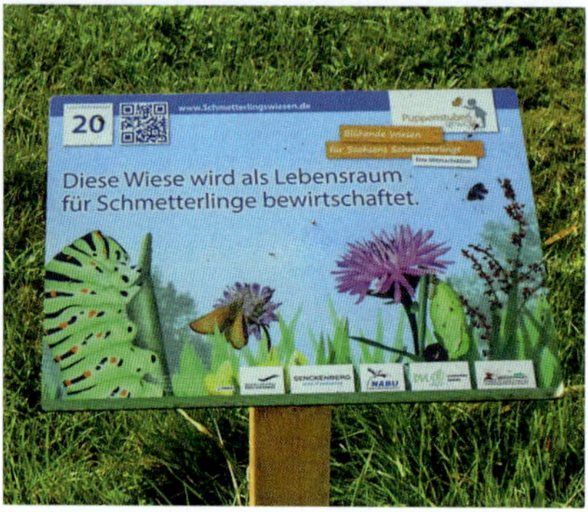

Schmetterlingswiese in Schnaditz

Die zum großen Teil über Wiesen und Felder führende Wanderung weitet den Blick. Der Weg führt Sie zunächst vom Dübener Altstadtzentrum zur Burg und von dort, nach der Überquerung der Mulde, auf den Michael-Kohlhaas-Weg. Dem Muldendeich folgt wenige Kilometer später das in Schnaditz stehende Schloss, das einst dem Junker gehörte, der 1532 den Rosshändler Hans Kohlhase unrechtmäßig schikanierte.

Auf Sie wartet nach der Besichtigung des Schlosses jedoch kein Raubritter, sondern ein bei Naschkau liegender Bruch. Durch die Ortschaften Wellaune und Glaucha sowie unterhalb eines weiteren Deiches kehren Sie schließlich nach Bad Düben zurück.

- Start und Ziel: Busbahnhof in Bad Düben, GPS N 51°35.483' E 12°35.334'
- 17,3 km
- 4 Std. 35 Min.
- 99 m/99 m
- 83-97 m
- vom Stadtzentrum bis zum Schloss Schnaditz bzw. bis Wellaune Markierung des Michael-Kohlhaas-Weges (schwarzer Punkt), danach rot bzw. grün markierte Wanderwege
- Durch Bad Düben gehen Sie auf Fußwegen, danach entlang der Mulde auf sandigen Uferwegen und über Felder und durch Wälder auf Wegen mit weichem Untergrund. Der Rückweg erfolgt kurzzeitig am Rand einer Straße und danach fast ausschließlich am Ufer der Mulde und auf Wegen mit weichem Untergrund.

- Café Paradeplatz und Restaurant Patrida (am Start und Ziel), Eiscafé Sicilia (km 0,2 bzw. 17,1), Burgschänke Goldener Löwe (km 0,4 bzw. 16,9) Landhaus Böhm (km 12,2)
- im Schlosspark Schnaditz (km 4,5), im Park vor dem Ort Tiefensee (km 6,6), in Wellaune unmittelbar neben einem Spielplatz (km 9,7) und auf dem Burgplatz in Bad Düben (km 0,5 bzw. 16,8)
- Ihre Kinder werden sich neben dem Höhepunkt der Besichtigung der Burg (km 0,5) bestimmt auch für das Landschaftsmuseum (km 0,4), die Schmetterlingswiese in Schnaditz (km 4,7) und für den in Wellaune aufgestellten Spielpatz (km 9,7) begeistern.
- Die Tour eignet sich für die Mitnahme eines Kinderwagens.
- Die Tour ist für Hunde sehr gut geeignet, weil die Wege sehr oft durch Wälder und über Wiesen und entlang von Feldern verlaufen.
- Im Stadtzentrum von Bad Düben gibt es zahlreiche Parkmöglichkeiten.
- Zwischen dem Busbahnhof in Bad Düben und Leipziger Hauptbahnhof fahren tagsüber stündlich Busse (Linie 196). Ab 22:00 gibt es ab Bad Düben außerdem einen Rufbus (☏ 034 21/774 66 20).

Die Tour startet am Busbahnhof von Bad Düben. Unmittelbar an der Haltestelle und direkt gegenüber befinden sich das Restaurant Patrida und das Café Paradeplatz.

- Restaurant Patrida, Paradeplatz 6, 04849 Bad Düben,
  Di-So 11:30-14:30 und 17:30-22:00, Mo Ruhetag
- Café Paradeplatz, Paradeplatz 12, 04849 Bad Düben, ☏ 03 42 43/273 12,
  www.bad-dueben.de/gastgeber/cafe-paradeplatz-8,
  Mi-So 11:30-14:30 und 17:30-22:00, Mo und Di Ruhetag

Vom Busbahnhof laufen Sie zunächst stadteinwärts in Richtung Markt. An der linken Straßenseite liegt das Eiscafé Sicilia und nach der Überquerung des Marktes laufen Sie – vorbei an der Burgschänke Goldener Löwe – bis zur Burg.

- Eiscafé Sicilia, Markt 4, 04849 Bad Düben, ☏ 03 42 43/282 22,
  Di-So 11:30-18:00, Mo Ruhetag
- Burgschänke Goldener Löwe, Leipziger Straße 5, 04849 Bad Düben,
  Mo und Di Ruhetag, Mi-Do 17:00-22:00, Fr-Sa 17:00-23:00 und So 11:00-14:00

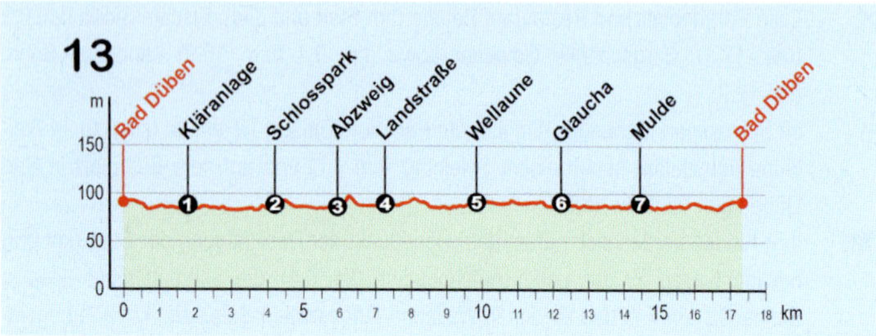

Am Rand des P Parkplatzes stehen mehrere Informationstafeln, auch wurde hier vor einigen Jahren im i Touristeninformationszentrum ein ⌘ Naturkundemuseum eingerichtet.

Die Burg und ihre Geschichte

Die Herren der über 1.000 Jahre alten Burg kontrollierten einst die Brücke über die Mulde und die von Wittenberg nach Leipzig führende Handelsstraße. Zur Burg gehören das Haupthaus, das Burgwächterhaus und der 1206 auf steinernen Fundamenten errichtete Wachturm Lug ins Land. Die 1533 hier ausgetragene Gerichtsverhandlung zwischen dem Junker Gunther von Zaschnitz und dem Kaufmann Hans Kohlhase machte die Burg überregional bekannt und motivierte den Dichter Heinrich von Kleist 300 Jahre später zum Schreiben seiner Novelle „Michael Kohlhaas". Dank ihrer strategisch günstigen Lage diente die Burg während des Dreißigjährigen Krieges und während der Völkerschlacht verschiedenen Feldherren als Hauptquartier. Heute ist in der Burg das 1953 eröffnete Landschaftsmuseum untergebracht.

i Touristeninformation, Neuhofstraße 3, 04849 Bad Düben, ☎ 03 42 43/528 86, Mo, Di, Do, Fr 10:00-15:00, Sa 10:00-12:00, Mi und Fei geschlossen

⌘ Landschaftsmuseum der Dübener Heide, Neuhofstraße 3, 04849 Bad Düben, ☎ 03 42 43/236 91, 1. April-31. Oktober: Mi-Fr 10:00-16:00 und Sa-So 11:00-17:00, 1. November-31. März: 10:00-16:00

An der T-Kreuzung vor der Burg leiten Sie die ✎ Markierung des Lutherweges und der schwarze Punkt des Michael-Kohlhaas-Weges nach links zur Brücke. Nach der Flussüberquerung wenden Sie sich nach rechts und betreten einen am Flussufer aufgeschütteten Damm. Von hier haben Sie einen schönen Blick auf

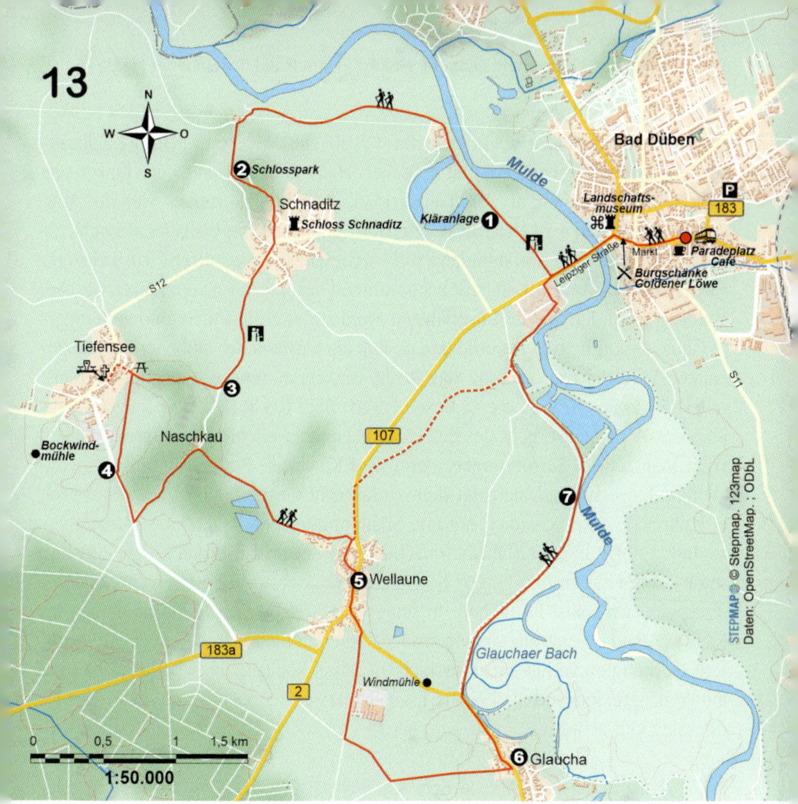

das schräg gegenüberliegende sogenannte „Rote Ufer“, das mit seiner Farbe an den von 1557 bis 1886 betriebenen Abbau von Alaun erinnert.

Nach insgesamt 1,7 km erreichen Sie eine Kläranlage ❶ und einen links des Weges liegenden Teich. Vor dem Haus bei km 3,8 verlassen Sie vor einer auf dem Weg stehenden Schranke den Damm und zweigen nach links ab. An einer nur wenige Meter später folgenden Wegkreuzung orientieren Sie sich an den bekannten ✎ Markierungen des Luther- und des Michael-Kohlhaas-Weges. Sie laufen einige Hundert Meter auf einer nach Schnaditz führenden kleinen Straße. Nach insgesamt 4,2 km folgen Sie der Markierung des Michael-Kohlhaas-Weges (☝ hier den schwarzen Punkt auf einer neben dem Weg stehenden Eiche beachten!) in den links von der Straße liegenden Schlosspark ❷. Von hier sind es nur wenige Hundert Meter bis zum ehemaligen Herrensitz.

Die Kohlhaas-Legende

Als Heinrich von Kleist zu Beginn des 19. Jh. die Novelle „Michael Kohlhaas" schrieb, lag der legendäre Streit zwischen Hans Kohlhase und dem Junker von Zaschwitz bereits mehr als 300 Jahre zurück. Zum Konflikt kam es, weil der Adlige dem Kaufmann 1532 während einer Rast im Gasthof in Wellaune unrechtmäßig zwei Pferde stahl und ihm danach die unbeschwerte Weiterreise zur Leipziger Messe verweigerte. Da Kohlhase auch während der Rückreise vom Junker, der ihm statt der gesunden und leistungsfähigen Pferde zwei geschändete und verhungerte Gäule anbot, betrogen wurde und da ihm auch eine in der Dübener Burg abgehaltene Vergleichsverhandlung das Recht verwehrte, übte er Selbstjustiz. Kleist reflektiert in der Novelle die zeitlosen Fragen über Recht und Gerechtigkeit bzw. über das Widerstandsrecht des Einzelnen gegenüber erlebter (staatlicher) Willkür. Folgt man seinen Ausführungen, dann wird Kohlhaas' Radikalisierung nachvollziehbar. Kleist sympathisiert mit dem zu Unrecht Geschädigten. Auch entwickelt er zahlreiche gesellschaftlich brisante Spannungsfelder.

Ihm zufolge bleibt Kohlhaas – nachdem der legale Einspruch gescheitert und sogar seine Frau an den Folgen des Rechtsstreits gestorben ist – nichts anderes übrig, als sich selbst zu rächen. In seiner Wut steigert sich Kohlhaas jedoch ins Maßlose, sodass erst die Gefangenschaft durch den sächsischen Kurfürsten weitere Gewalttaten verhindert. Die Tatsache, dass Kohlhaas aber danach das über ihn verhängte Todesurteil akzeptiert, zeigt, dass er dennoch die Gerechtigkeit als höchstes Gut achtet.

📖 Heinrich von Kleist, Michael Kohlhaas, Stuttgart, 2003

Nur wenige Meter vom Schloss entfernt liegt rechts des Weges eine ❀ Schmetterlingswiese. Sie folgen dem Weg in Richtung ✝ Kirche, wenden sich jedoch unmittelbar vor dem Gotteshaus nach rechts. Die ✎ Markierung des Lutherweges führt Sie bis zum Ortsausgang, wo der Weg vor einer rechten Straßenkurve nach links auf ein Feld abzweigt. Die folgenden Kilometer gehören zu den schönsten der Wanderung. Umgeben von Eichen, Buchen und Brombeersträuchern blicken Sie im Herbst auf brachliegende Felder und am Horizont auf den Bad Dübener Kirchturm. Nach insgesamt 5,9 km ✋ zweigt der Lutherweg wenige Meter vor dem Erreichen eines Waldes rechts vom Weg ab ❸. Sie folgen diesem schmaleren Weg und betreten nach ca. 200 m den Wald. Der Weg führt Sie anschließend in einen Park und Sie erreichen nach 400 m einen vor dem Ort Tiefensee eingerichteten ⛩ Rastplatz.

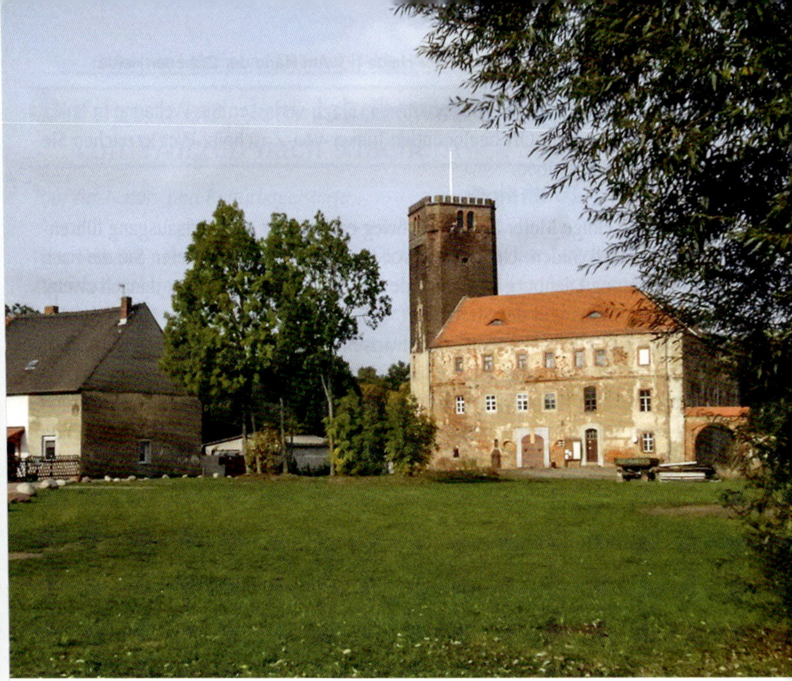

Schloss Schnaditz

☺ ↳ Die Besichtigung des hinter dem Wald liegenden Ortes lohnt sich. Hier steht eine sehenswerte ✝ Kirche, auch können Sie in einer Naturbäckerei einkaufen.

Den Rastplatz verlassen Sie mithilfe einer spitzen Kehre, d. h. Sie folgen dem links an einer Pferdekoppel vorbeiführenden Weg. (☺ Sollten Sie vom Ort Tiefensee zurückkommen, dann folgen Sie dem rechts abzweigenden Weg.) Nach insgesamt 7,2 km erreichen Sie, mit dem Blick zur unweit von hier stehenden Bockwindmühle, eine Landstraße ❹. Diese ✋ betreten Sie zunächst in linker Richtung und verlassen sie dann nach weiteren 300 m wieder auf einem links abzweigenden Weg. Ein asphaltierter Weg führt Sie am Rand des Naschkauer Bruchs bis zur Ortsmitte von Naschkau, wo Sie nach rechts ein weiteres Mal den ✎ Michael-Kohlhaas-Weg betreten. Sie durchqueren den Wald und gelangen nach insgesamt 9,6 km in den Ort Wellaune ❺, wo 1532 vor dem ehemaligen Dorfkrug (dem heutigen Kohlhaasenkrug) der legendäre Pferderaub stattfand.

Nach dem Verlassen des Bahnhofs betreten Sie den gegenüberliegenden Park am Alten Friedhof, den Sie durchqueren. Am anderen Ende angekommen folgen Sie dem links abzweigenden Weg. Nach 350 m weist Sie ein brauner Wegweiser in das Stadtzentrum. Sie überqueren auf einem Fußgängerüberweg die Hauptstraße und betreten auf der Bahnhofstraße die historische Altstadt.

Wurzen, die Geburtsstadt des Dichters Ringelnatz

Die Stadtgeschichte von Wurzen war viele Jahrhunderte eng mit dem Jakobsweg verknüpft. Seit 995 war Wurzen zudem Besitz der in Meißen residierenden Bischöfe. Diese schenkten der Stadt im 12. Jh. das Marktrecht und erweiterten während der nächsten Jahrhunderte den 1114 erbauten Dom. Wurzen, das von mehreren Kriegen heimgesucht wurde, erlebte im 19. Jh. einen industriellen Aufschwung. In dieser Zeit wurde hier u. a. die erste Eisenbahnbrücke in Deutschland gebaut und der Unternehmer Krietsch gründete 1847 seine Brotfabrik. Der 1883 in Wurzen geborene Dichter Joachim Ringelnatz lebte nur einige Jahre in der Stadt, bevor die Familie nach Leipzig zog. Später lebte er als heimatloser Schriftsteller in Hamburg und Berlin und als Matrose auf den Weltmeeren.

In Wurzen sind das Schloss, die Stadtkirche St. Wenceslai und der Dom St. Marien sehenswert. Der Dom besitzt mit der 1930/31 von Georg Wrba geschaffenen spätexpressionistischen Kreuzigungsgruppe ein beeindruckendes und zugleich umstrittenes Kunstwerk.

Tourist-Information, Markt 5, 04808 Wurzen, ☏ 034 25/856 04 00, www.tourismus-wurzen.de, Mo, Mi, Fr 10:00-16:00, Di, Do 11:00-17:00, Sa 10:00-13:00

Hotel zur Post, Bahnhofstraße 23, ☏ 034 25/81 24 05, www.hotel-wurzen.de, Mo-So 7:00-22:00

Hoffis Menü und Pension am Markt, Liegenbank 3, 04808 Wurzen, ☏ 034 25/92 58 75, Mo-Fr 7:00-17:00

Domcafé, Liegenbank 2, 04808 Wurzen, täglich 14:00-18:00 (außer Freitag)

Nach dem Blick auf den Marktplatz mit dem im 19. Jahrhundert im klassizistischen Stil erbauten Rathaus und mit dem Ringelnatzbrunnen ❶ wenden Sie sich nach links. Sie betreten die Domgasse und folgen ab hier der gelben Jakobsmuschel. Die kleine Straße führt Sie zur Touristeninformation und schließlich zum Dombezirk. Unmittelbar vor dem Betreten des Bezirkes weist Sie die Markierung des Jakobsweges scharf nach rechts. Im Schloss zu Ihrer Linken können Sie im Restaurant Schloss Wurzen einkehren.

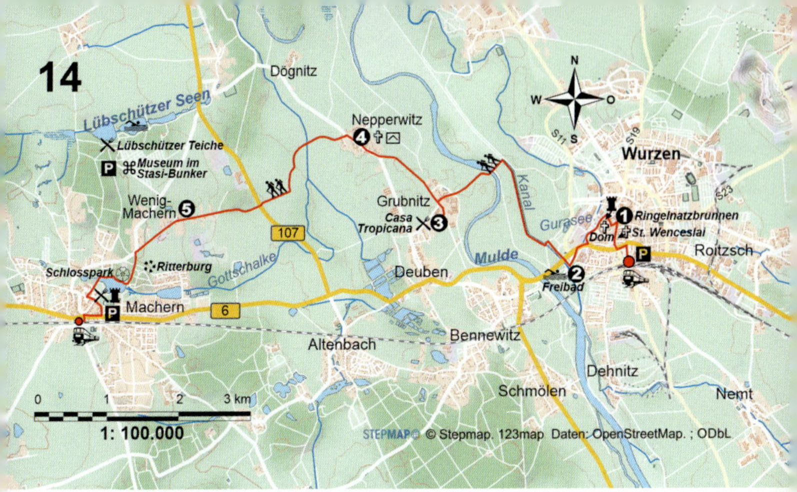

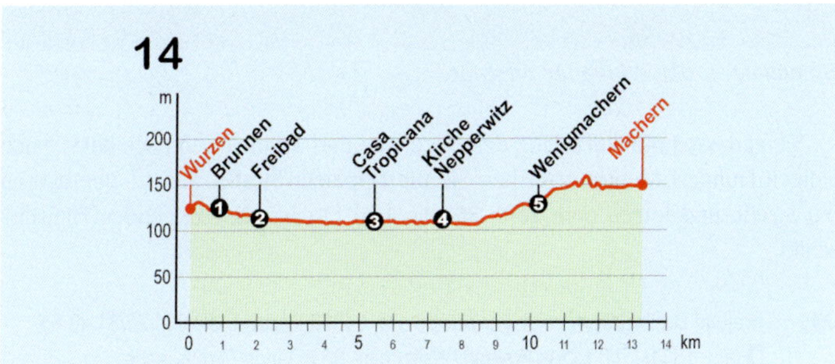

✕ Restaurant Schloss Wurzen, Amtshof 2, 04808 Wurzen, ☏ 034 25/85 35 90, www.schloss-wurzen.de, Mo-Fr 17:00-21:00, Sa und So 11:00-21:00

Sie folgen einem kleinen Pfad und verlassen die Altstadt mithilfe eines kleinen, aber durchaus steilen Abstiegs.

Auf der unterhalb des Schlosses verlaufenden Straße können Sie, wenn Sie dem Jakobsweg folgen, nach rechts abzweigen. Sie umrunden dann die Krietschfabrik mit den von 1920 bis 1925 errichteten, markanten Mühltürmen und erreichen wenige Hundert Meter später wieder den Hauptweg.

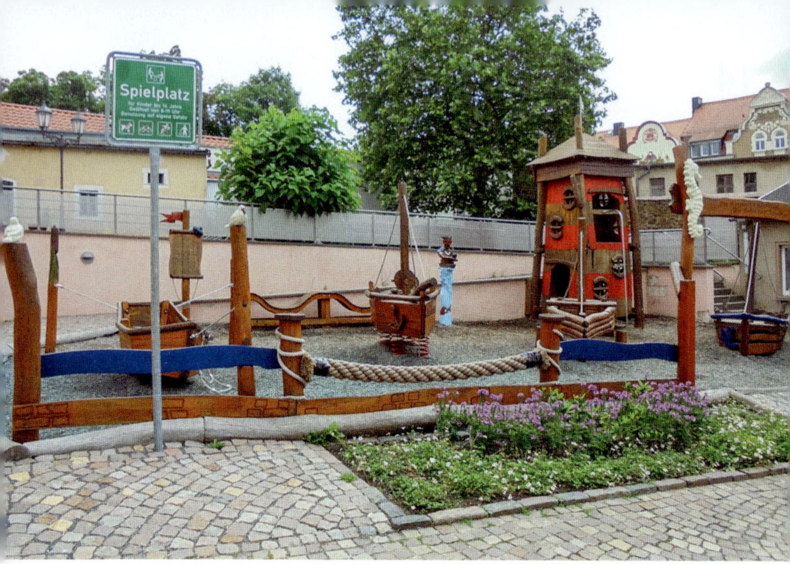

Spielplatz in der Wurzener Altstadt

Sie verlassen nun kurzzeitig den Pilgerweg und wenden sich nach links. Nach einigen Hundert Metern erreichen Sie die Leipziger Straße. Sie überqueren die Straße und folgen dem zum Freibad Dreibrücken zeigenden Hinweisschild.

Freibad Dreibrücken, Leipziger Straße 1 a, 04808 Wurzen, 034 25/81 48 65, tägl. 10:00-20:00. Das Freibad besitzt eine 66 m lange Großrutsche.

Unmittelbar vor dem Erreichen des Freibades ❷ wenden Sie sich nach rechts, unterqueren die Straßenbrücke und betreten eine kleine Straße. Kurz vor einer Rechtskurve zweigt dann ein kleiner Waldweg links von der Straße ab. Sie folgen dem Weg und stoßen nur wenige Hundert Meter weiter auf die von rechts kommende Via Regia. (Die Jakobsmuschel führt Sie fortan – eine Ausnahme bildet lediglich der Weg durch Grubnitz – bis nach Machern.) Sie überqueren nur wenige Meter später den Mühlgraben, biegen dahinter nach rechts ab und überqueren nach insgesamt 4 km die Mulde nach links. Unmittelbar nach der Überquerung des Deiches zweigt der Pilgerweg rechts ab und verläuft in Richtung Norden parallel zum Deich. Sie laufen hier allerdings geradeaus weiter in Richtung des Ortszentrums von Grubnitz und erreichen nach 200 m die ehemalige Jagdhütte.

Von der Jagdhütte sind es nur 200 m bis zur ✗ Casa Tropicana. Die für diese Umgebung besondere Gaststätte erreichen Sie, indem Sie von der Jagdhütte geradeaus laufen. Zuvor jedoch, d. h. nur wenige Meter vor der Straßenkreuzung, verkauft auf der linken Straßenseite Familie Schöllig Weine aus Ungarn.

Weinhandel Schöllig, Grubnitzer Dorfstraße 5, 04828 Wurzen, OT Grubnitz, 01 72/814 16 13

An der Kreuzung wenden Sie sich nach links und laufen auf dem Fußweg der Gubnitzer Dorfstraße bis zur Gaststätte ❸.

✗ Casa Tropicana, Grubnitzer Dorfstraße 2a, 04828 Bennewitz, ☏ 034 25/887 09 40, www.casa-tropicana.de, Mi-So 10:00-18:00

Nach dem Besuch der Gaststätte laufen Sie die Dorfstraße bis zur bekannten Kreuzung zurück. Dieses Mal bleiben Sie jedoch auf der Straße. Sie laufen geradeaus und erreichen nach weiteren 200 m eine weitere kleine Gabelung. Hier treffen Sie auf den von rechts kommenden Pilgerweg und auf die Jakobsmuschel, die Ihnen nun wieder den Weg weist.

Dorfkirche in Nepperwitz

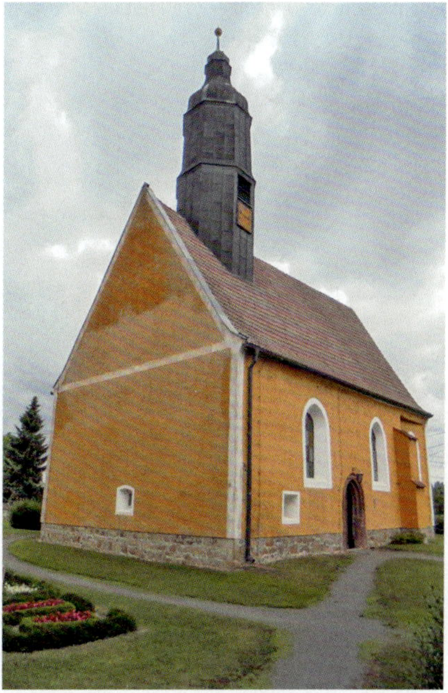

Nach insgesamt 6,9 km erreichen Sie Nepperwitz. Im Zentrum des Dorfes, das 2002 durch einen Deichbruch von der Mulde überschwemmt wurde, stehen u. a. eine Schutzhütte und die im 15. Jh. im ✝ gotischen Stil erbaute Kirche, die Sie von der Hauptstraße aus nach rechts erreichen ❹.

☺ In der Kirche ist seit 2006 ein von Michael Fischer-Art gemaltes Altarbild ausgestellt.

Nepperwitz verlassen Sie, indem Sie wieder zur Hauptstraße zurückkehren und dieser weiter bis zum Ortsausgang folgen. Unmittelbar vor dem Erreichen der letzten Häuser weist Sie die Jakobsmuschel jedoch nach links. Sie bleiben auf dem Jakobsweg, der Sie nun über Wiesen und Felder und durch kleine Wälder führt. Nach insgesamt 10,2 km erreichen Sie den Ort Wenigmachern ❺.

Am Ortseingang stehen Bänke, die zum Verweilen und zum Ausruhen einladen. Der Jakobsweg führt Sie durch eine Kleingarten- und Eigenheimsiedlung. In Höhe der links des Weges stehenden Ritterburg endet die Nebenstraße. Ab hier müssen Sie einige Meter am Rand der Straße laufen, bevor der Pilgerweg – in Form eines Pfades – links abzweigt und durch ein Maisfeld führt. Am anderen Ende des Feldes angekommen beginnt der ⌘ Schlosspark, in dem u. a. die Ruine der am Ende des 18. Jh. errichteten Ritterburg und die Pyramide der Hygiea stehen. Der Pilgerweg läuft an Machern vorbei und Sie verlassen ihn beim Betreten des Schlossparks.

Burgruine in Machern

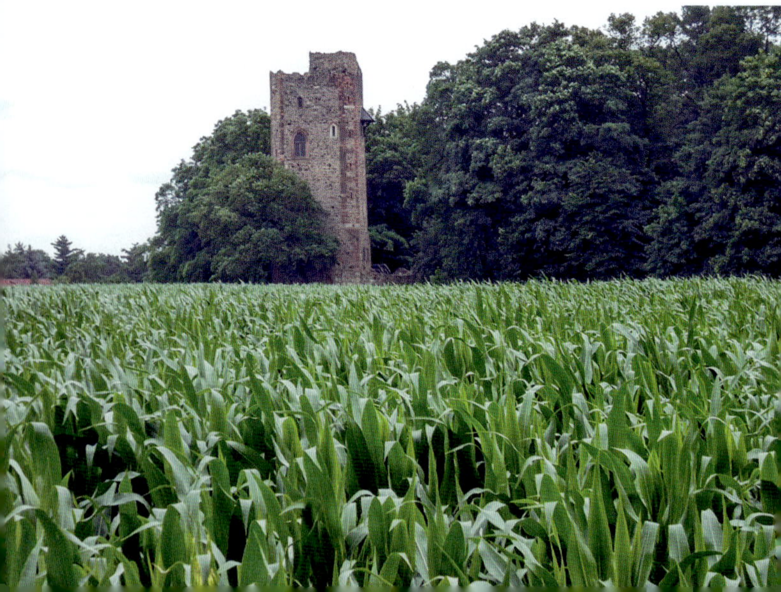

Machern

Machern, das viele Jahrhunderte im Besitz der Adelsfamilie von Lindenau war, ist heute ein landschaftsarchitektonisches und kunstgeschichtliches Kleinod. Der von Carl August Heinrich von Lindenau am Ende des 18. Jh. im englischen Stil angelegte Schlosspark symbolisiert mit den Gebäuden und Elementen die von der romantischen Empfindsamkeit geprägte Zeit.

Zum Park, in dessen Zentrum der Schwemmteich liegt, gehört auch das im 17. Jh. im barocken Stil erbaute Schloss.

☺ In Machern gibt es wochentags vom Schlossplatz aus die Möglichkeit, Führungen durch den Park zu buchen. Anmeldungen bitte unter ☏ 034 25/857 74 22.

Nach dem Verlassen des Schlossparks überqueren Sie den Schlossplatz, wo u. a. auch die ✕ ☕ Gaststätte Zum alten Zollhaus und das ✕ Schlosshotel mit dem Ristorante il Cavaliere steht.

✕ ☕ Zum alten Zollhaus, Schlossplatz 2a, 04827 Machern, ☏ 03 42 92/794 91, 💻 www.zollhaus-in-machern.de, 🚪 tägl. 11:00-22:00, So 11:00-20:00

✕ Ristorante il Cavaliere im Schlosshotel, Schlossplatz 2, 04827 Machern ☏ 034 92/80 90, 💻 www.schlossmachern.de, 🚪 Mo, Di Ruhetag, Mi-Fr 17:00-22:00, Sa, So und Feiertage 12:00-22:00

Danach folgen Sie den zum Bahnhof zeigenden Hinweisschildern. Der Bahnhof befindet sich nur einen knappen Kilometer vom Stadtzentrum entfernt unmittelbar an der B6.

☺ ↳ Nur ca. 3 km von Machern entfernt liegen die Lübschützer Seen. Hier gibt es 🏊 Strände zum Baden, mehrere ✕ ☕ Gaststätten, einen Campingplatz und das ⌘ zeitgeschichtliche Museum im Stasibunker.

⌘ Museum im Stasibunker, Lübschützer Teiche, Flurstück 439, 04827 Machern, ☏ 03 42 92/961 24 43, 🚪 am letzten Wochenende im Monat Sa und So 13:00-16:00

✕ Gaststätte Lübschützer Teiche mit Streichelzoo und Naturspielplatz, 04827 Machern, ☏ 03 42 92/814 77 84, 💻 www.gaststaette-luebschuetzer-teiche.de

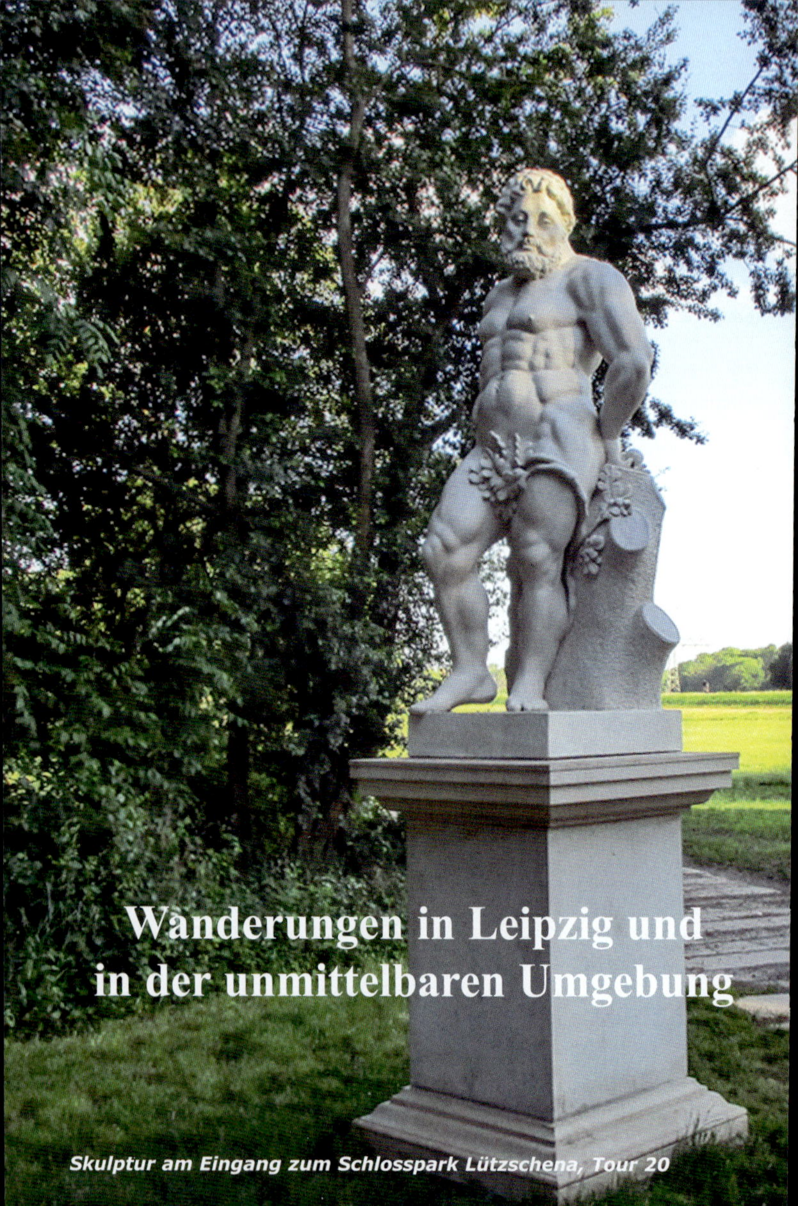

Wanderungen in Leipzig und in der unmittelbaren Umgebung

Skulptur am Eingang zum Schlosspark Lützschena, Tour 20

⑮ Am Ufer der Parthe I – von Borsdorf bis Taucha

Tour für Natur- und Kulturbegeisterte

Die Parthe, die sich scheu und unauffällig durch die östlich von Leipzig liegende Ebene windet, bildet die natürliche Grundlage für einen beeindruckenden Auwald. Die durch ein einzigartiges Biotop verlaufende Wanderung führt Sie zu einer in Panitzsch auf einer Endmoräne stehenden Wehrkirche und in einen in Taucha im englischen Stil angelegten Stadtpark.

→ Start: Bahnhof Borsdorf, GPS N 51°20.771' E 12°32.439'; Ziel: Straßenbahnhaltestelle „An der Bürgerruhe" in Taucha, GPS N 51°22.769' E 12°29.516'

10,1 km

2 Std. 45 Min.

↑↓ 118 m/122 m

⇧ 118-140 m

Der Weg folgt größtenteils der grün-weißen Markierung des Parthewanderweges. In Panitzsch verläuft der Weg zeitweise auf dem Pilgerweg Via Regia.

durch Borsdorf auf Fußwegen, danach größtenteils auf Wiesen- und Feldwegen und am Ufer der Mulde entlang

Gasthof Döbitz (km 7). Im Stadtzentrum von Taucha gibt es zahlreiche Gaststätten (km 9,2).

Am Ufer der Parthe stehen zahlreiche Bänke. Überdachte Rastplätze gibt es zudem in Panitzsch (km 2,4) und im Tauchaer Stadtpark (km 8,8).

Keine Bademöglichkeiten am Weg, aber abseits des Weges gibt es das Stadtbad in Taucha.

Die Tour ist sehr gut für Kinder geeignet. Spielplätze gibt es am Ortsausgang von Borsdorf (km 0,8), in Döbitz (km 6,9) und in Taucha (km 9,4). Das Rittergutsmuseum in Taucha (abseits des Weges) informiert zudem über das Leben im Mittelalter.

Für Kinderwagen ist die Tour nur bedingt und nur bei trockenem Wetter geeignet.

Die Tour ist für Hunde sehr gut geeignet, weil sie durch mehrere Waldstücke und über Wiesen und Felder verläuft.

P Parkmöglichkeiten gibt es sowohl in Borsdorf als auch in Taucha.

Von Leipzig nach Borsdorf fährt stündlich ein Regionalzug. In Taucha können Sie am Ziel in die zum Leipziger Hauptbahnhof fahrende Straßenbahnlinie 3 steigen, die mehrmals stündlich fährt.

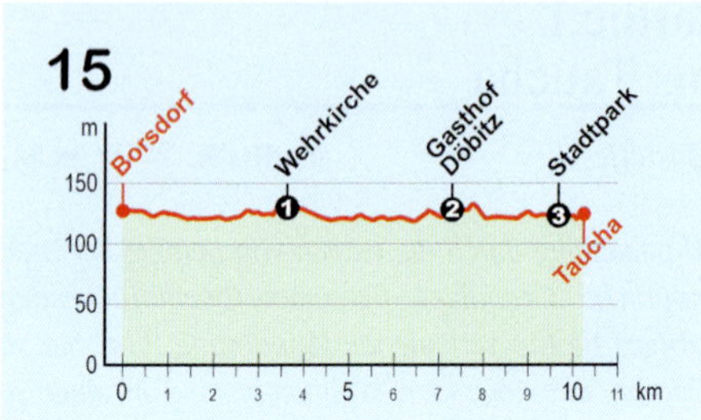

Den Bahnhof verlassen Sie über die Bahnhofstraße. Sie laufen nach links am Alten Postamt vorbei und bis zur August-Bebel-Straße. Hier wenden Sie sich nach rechts und überqueren nach 400 m auf einer großen Kreuzung die Leipziger Straße. Auf der anderen Straßenseite führt Sie nach insgesamt 600 m der Fußweg links bis zum Eingang der Kleingartenanlage Alte Kolonie.

☺ ↳ Nur 200 m vom Eingang zur Gartenkolonie entfernt stehen stadtauswärts am Ufer der Parthe das Heimatmuseum, das im 1627 erbauten alten Hirtenhaus eingerichtet ist, und 100 m davon entfernt das Liebknechthaus.

📖 Christoph Gehse und Harro Eckelt, Borsdorfer Chronik, Eigenverlag, Borsdorf 2007

⌘ Heimatmuseum Borsdorf, Leipziger Straße 5, 04451 Borsdorf, ☏ 03 42 91/22912,
Fr 15:00-18:00 oder nach telefonischer Absprache

Das Liebknecht-Haus in Borsdorf

Von 1881 bis 1890 wohnte der aus Leipzig ausgewiesene Wilhelm Liebknecht gemeinsam mit seiner Familie und mit seinem Freund August Bebel in Borsdorf. Liebknechts siebenköpfige Familie, die sich während der nächsten neun Jahre zwei Zimmer und vier Betten teilte, litt besonders im Winter im von Mäusen geplagten Haus und unter der Feuchtigkeit und Kälte. Heute erinnert eine an der Fassade angebrachte Gedenktafel an die besondere Geschichte des in Borsdorf stehenden Hauses.

Sie betreten die Anlage und folgen jetzt der ✎ grün-weißen Wandermarkierung. Der Weg führt Sie geradeaus durch die Kolonie. Die grün-weiße Markierung führt Sie nach der Durchquerung der Kleingartensiedlung weiter in ein Wohngebiet. Hier halten Sie sich zunächst links, dann nehmen Sie den zweiten Abzweig nach rechts und erreichen nach 800 m den am westlichen Rand der Siedlung errichteten Spielplatz. Das hinter dem Spielplatz liegende Feld bietet einen ersten Blick zur von der Parthe geschaffenen Auenlandschaft.

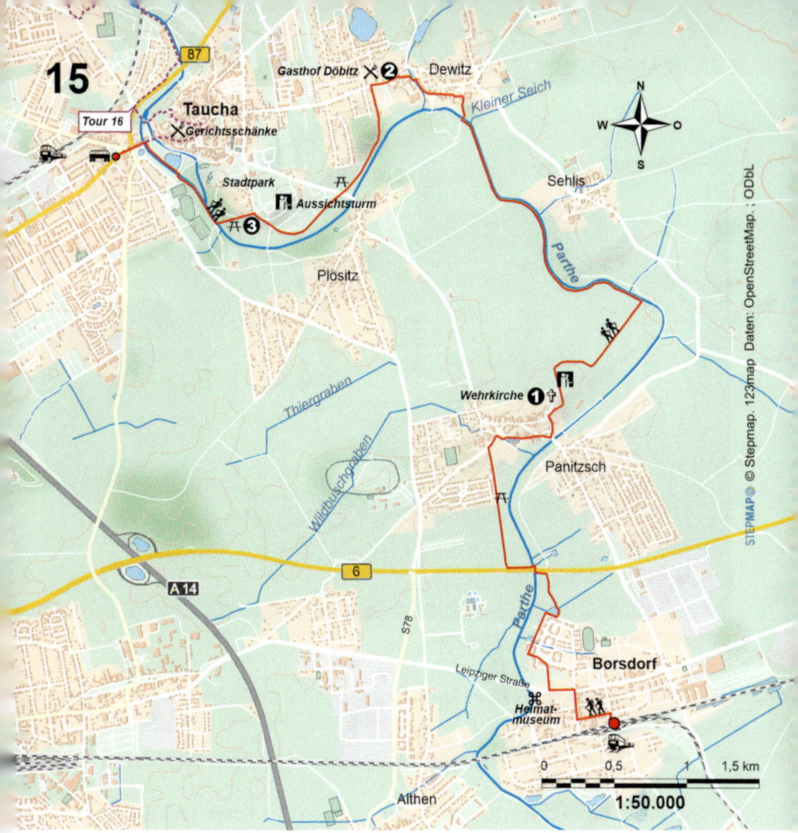

Die Parthe

Die Parthe bahnt sich von der bei Colditz liegenden Quelle mühsam ihr Bett. Sie schlängelt sich durch die Auen- und Wiesenlandschaft der Leipziger Tieflandsbucht, bis sie im Leipziger Stadtteil Gohlis nach mehr als 50 km in die Weiße Elster fließt. Auf der Parthe – deren Name vom slawischen Wort parda (= die Stinkende) abstammt – ist es seit einigen Jahren möglich, von Thekla bis zum Leipziger Zoo zu paddeln.

📖 Brigitte Schubert, Parthenwanderung, Tauchaer Verlag, Taucha, 2016

Kanu Verein Freizeit – Abenteuer – Leipzig, Am Kanal 28, 04179 Leipzig,
☎ 01 73/656 72 07, 💻 www.freizeit-abenteuer.com

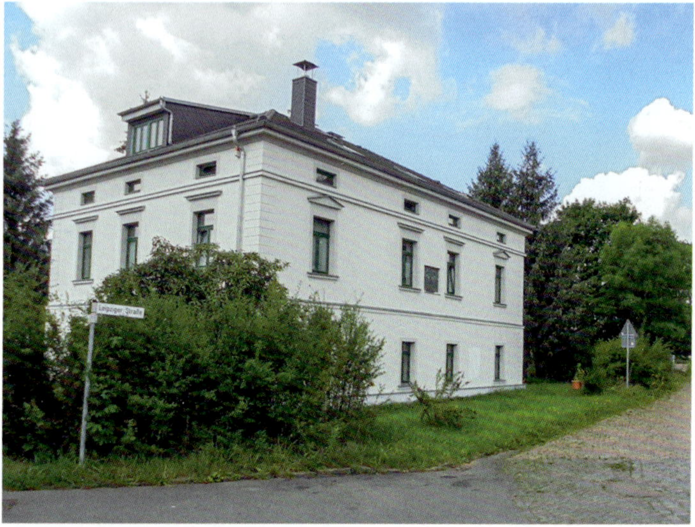

Das Liebknecht-Haus in Borsdorf

☺ Die Gemeinde Borsdorf organisiert seit 2000 im August oder im September das zweitägige Parthenfest.

💻 www.parthenfest.de

Sie laufen bis zum Ende der Siedlung, folgen der Kurve und verlassen die Straße auf einem links abzweigenden Fußweg. Nur wenige Meter nach der Unterquerung der Bundesstraße 6 überqueren Sie auf einer Fußgängerbrücke die Parthe. Am anderen Ufer laufen Sie zunächst unterhalb und parallel zur Straße und verlassen dann nach 100 m im rechten Winkel die unmittelbare Nähe der Straße. Der Weg führt Sie nun – mit dem Blick auf Panitzsch – über ein weitflächiges Feld. Nach 600 m erreichen Sie die ersten Häuser des Ortes und eine rechts vom Weg stehende Bank.

Der Weg, der hier asphaltiert ist, führt Sie bis zur durch den Ort führenden Hauptstraße. Hier wenden Sie sich nach rechts (✋ keine Markierung!), verlassen am nächsten Abzweig die Hauptstraße aber erneut kurz nach rechts, folgen der Teichstraße und gelangen wieder auf die Hauptstraße.

Nun laufen Sie einen kurzen Abschnitt auf dem ✎ Jakobsweg. Sie wandern, vorbei am Löschteich, fast bis zur Brücke über die Parthe. Unmittelbar vor dieser verlassen Sie den Jakobsweg nach links auf eine von der Hauptstraße abzweigende Nebenstraße.

Der Weg führt Sie nun bergauf bis zur Kirchgasse. Ab hier folgen Sie der ✎ grün-weißen Markierung des Parthewanderweges, zweigen an der nächsten Wegkreuzung rechts ab und betreten dann, unterhalb der Kirche, einen nach links abzweigenden und bergauf führenden Feldweg.

Auf diesem laufen Sie vorbei an der links vom Weg stehenden ✞ Wehrkirche ❶ und bis zum höchsten Punkt der Endmoräne, wo Sie mit einem einmaligen Blick belohnt werden. Im Spätsommer und Herbst vermischen sich hier saftige, grüne Wiesen mit kräftigen, gelben Feldern, die sich am Horizont mit dem Auenwald, der die Parthe begleitet, vereinen. Das eindrucksvolle Panorama begleitet Sie die nächsten 4 km bis zur Flussüberquerung bei Döbitz. In Döbitz angekommen folgen Sie der unmittelbar vor dem Naturspielplatz links abzweigenden Straße An den Höfen. Nur wenige Hundert Meter weiter erreichen Sie einen links von der Straße liegenden, kleinen Dorfteich.

Dem Teich folgt die Teichgasse, die Sie am unteren Ende des Teiches vorbeiführt und zum ✕ Gasthof Döbitz ❷ bringt.

✕ Gasthof Döbitz, Teichgasse 3, 04425 Taucha, OT Döbitz, ☎ 01 77/583 03 38
www.gasthofdoebitz.de, Do-Sa 17:00-22:00, So 11:00-14:30 und 17:00-21:00

Das Gasthaus verlassen Sie auf der durch den Ort führenden Hauptstraße, die Sie jedoch wenige Minuten später nach links auf die Straße Am Winnerberg verlassen. Die nun durch den Auwald führende Nebenstraße erreicht nach insgesamt 7,9 km ein weiteres Mal das Ufer der Parthe.

In Höhe eines Rastplatzes überqueren Sie eine Straße und folgen danach wieder dem ✎ grün-weiß markierten Wanderweg. Dieser verläuft zunächst zwischen dem Ufer der Parthe und einer Kleingartenanlage, bis Sie am Rastplatz Am Weinberg ❸ den Stadtpark von Taucha erreichen.

Hier führt ein kleiner Weg zum 200 m entfernten Aussichtsturm.
April-Oktober 14:00-17:00.

Den Rastplatz verlassen Sie nach links und gehen weiter durch den Stadtpark.

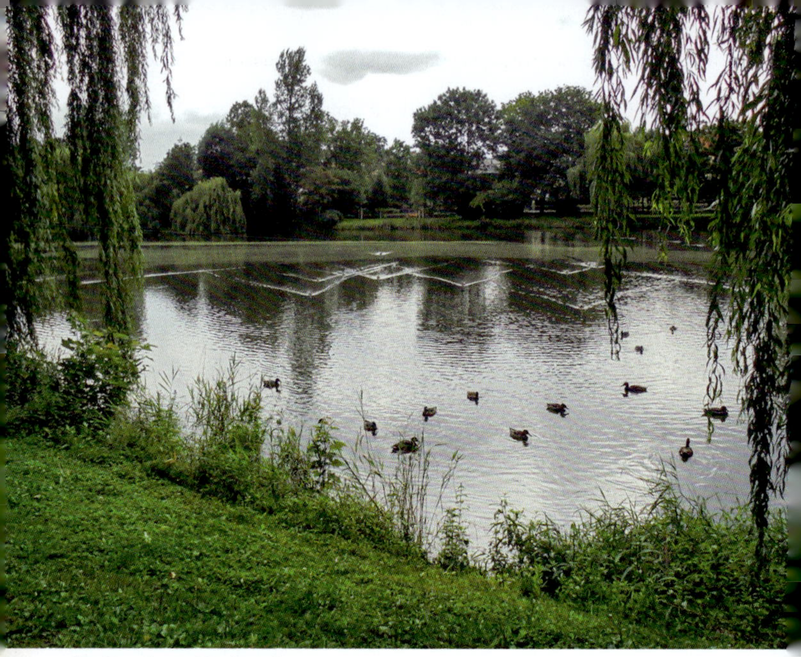

Im Tauchaer Stadtpark

Der Stadtpark in Taucha

Der 10 ha große, 1898 eingeweihte und von den Bürgerinnen und Bürgern der Stadt finanzierte Park besitzt mit dem 1913 erbauten Aussichtsturm, mit zahlreichen Zier- und Laubbäumen, einem Rosengarten und den Schöppenteichen sehenswerte Kostbarkeiten.

Im Park folgen Sie weiter der grün-weißen Markierung. Diese führt Sie nach 9,9 km zur B87. Von hier sind es in linker Richtung nur 200 m bis zur Straßenbahnhaltestelle „An der Bürgerruhe“, dem Ziel dieser Wanderung.

⑯ Am Ufer der Parthe II – von Taucha bis Leipzig-Schönefeld

Tour für Natur- und Kulturbegeisterte und für Liebhaberinnen und Liebhaber alter Dörfer

Die in der Stadt Taucha beginnende Wanderung führt Sie – vom Ufer der Parthe und entlang einer von Endmoränen geprägten Hügellandschaft – durch schmucke und prachtvoll sanierte Dörfer bis nach Thekla und nach Abtnaundorf. Im Leipziger Stadtteil Schönefeld, dem Ziel der Wanderung, steht zudem – gegenüber dem Schönefelder Schloss – eine Pyramide, die Grabstätte der Freifrau von Eberstein.

→ Start: Straßenbahnhaltestelle „An der Bürgerruhe" in Taucha, GPS N 51°22.774' E 12°29.514'; Ziel: Straßenbahnhalstestelle „Stannebeinplatz" in Leipzig-Schönefeld, GPS N 51°21.059' E 12°24.377'

13,7 km

3 Std. 25 Min.

↑↓ 112 m/119 m

⇧ 108-133 m

Die Wanderung folgt ab Seegeritz der Markierung des Lutherweges und der Markierung des Pilgerweges Via Imperii. Weitere Markierungen sind der grün-weiß markierte Parthewanderweg und die Markierung des Mulde-Elster-Radweges.

durch Taucha auf Fußwegen, danach auf sandigen Wegen und auf Wegen mit asphaltiertem Untergrund, im letzten Abschnitt ausschließlich auf sandigen Wegen und auf Wegen, die auf weichem Untergrund durch einen Park führen

Gerichtsschänke Taucha (km 0,3), Trattoria und Pizzeria Romeo und Giulia (km 0,8), Landgasthof Gut Graßdorf (km 2,8) und das Eiscafé am Bagger in Thekla (km 9,5). Außerdem gibt es abseits des Weges in Taucha mehrere Einkehrmöglichkeiten.

Entlang der Strecke stehen zahlreiche Bänke, zudem gibt es an den Ortseingängen von Seegeritz (km 4) und Plaußig (km 5,4) überdachte Rastplätze.

Freibad Bagger in Thekla (km 9,5). Abseits des Weges gibt es außerdem ein Stadtbad in Taucha.

Der Weg ist für Kinder sehr gut geeignet. Es gibt das etwas abseits vom Weg liegende „Kinderland" in Taucha sowie Spielplätze am Ortseingang von Seegeritz (km 4), an der Kiesgrube Bagger in Thekla (km 9,5) und im Mariannenpark (km 13,1 und 13,5).

Die Mitnahme eines Kinderwagens empfiehlt sich nur bei schönem Wetter.

Die Tour ist für Hunde sehr gut geeignet, weil sie am Ufer der Parthe sowie über Wiesen und Felder und am Ende der Strecke durch Parks und Wälder verläuft.

In Taucha gibt es mehrere große Parkplätze.

Der Zug fährt vom Leipziger Hauptbahnhof mehrmals stündlich bis nach Taucha oder Sie nehmen die Straßenbahnlinie 3 zum Startpunkt, die alle 10 Min. fährt. Am Ziel in Leipzig-Schönefeld fährt alle 15 Minuten die Straßenbahnlinie 1 ab.

Von der Endhaltestelle der Straßenbahnlinie 3 „An der Bürgerruhe" laufen Sie in östlicher Richtung auf dem Fußweg der Leipziger Straße stadteinwärts. Sie überqueren die Sommerfelder Straße und blicken danach auf den rechts von der Straße liegenden Eingang zum Stadtpark.

Der Park lädt mit zwei Teichen, zahlreichen Zier- und Laubbäumen, einem Aussichtsturm und einem romantischen Rosengarten zum Verweilen ein.

Durch den Park fließt die Parthe, die Sie auch auf dem Fußweg der Leipziger Straße überqueren. Der Überquerung des Flusses folgt die Überquerung eines Nebenarms der Parthe. Sie folgen zunächst der Leipziger Straße weiter durch eine leichte Rechtskurve.

Wenn Sie hier links in die Schlossstraße abbiegen, erreichen Sie nach wenigen Metern die Gerichtsschänke Taucha.

Gerichtsschänke Taucha, Schlossstraße 6, 04425 Taucha, ☎ 03 42 98/734 40,
www.gerichtsschaenke-taucha.de,
Mo und Di Ruhetag, Mi-Sa 17:00-22:00, So 11:30-21:00

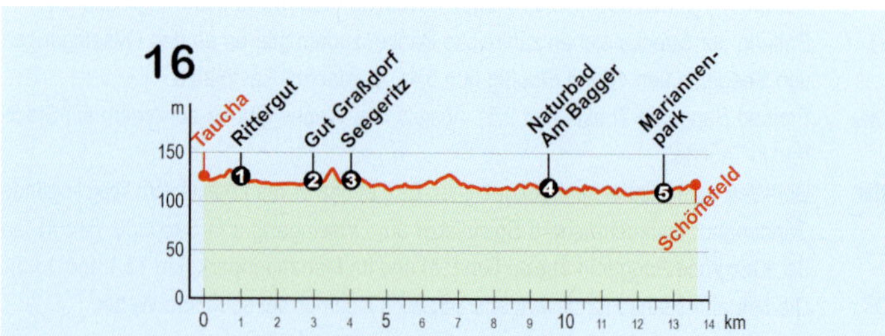

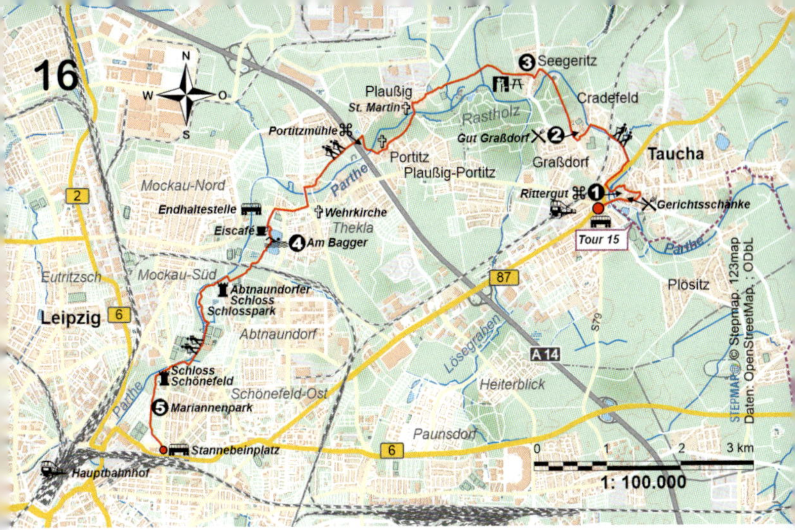

Sie folgen der Straße weiter durch eine Linkskurve und halten sich dann links (Kirchstraße). Hier steht die ✞ Stadtkirche St. Moritz mit dem beeindruckenden Portal „Jesus als Lamm".

Taucha

Taucha, die 974 vom Bischof Thietmar von Merseburg erstmals urkundlich erwähnte Stadt, trotzte mehrere Jahrhunderte der Übermacht des nah gelegenen Leipzigs. Die wirtschaftliche und politische Unabhängigkeit von der Messestadt währte bis 1569. Eine erneute Selbstständigkeit gegenüber Leipzig erlangte die Stadt an der Parthe erst 1832, als der sächsische Landtag den Städten kommunale Freiheiten zugestand. Zu den wichtigsten Sehenswürdigkeiten in Taucha gehören der 1898 angelegte Stadtpark, das 1772 als barocke Stadtkirche wieder aufgebaute Gotteshaus ✞ St. Moritz und das 1220 errichtete ♜ Rittergutsschloss mit einem im 16. Jahrhundert angelegten Weinberg, der seit 2000 wieder betrieben wird.

⌘ Rittergutsschloss, Haugwitzwinkel 1, 04425 Taucha, ☏ 03 42 98/685 56, 💻 www.schlossverein-taucha.de

✕ Restaurant Bacchus Keller, Eilenburger Straße 8, 04425 Taucha, ☏ 03 42 98/656 72, 🚪 Mi-Fr 17:00-23:00, Sa-So 11:30-23:00, Mo und Di Ruhetage

Sie biegen links in die Schlossstraße ab und halten Sich am Rathaus links.

✗ Trattoria und Pizzeria Romeo und Giulia im ehemaligen Ratskeller, Schlossstraße 13, 04425 Taucha, ☏ 03 42 98/686 22, Di-So 12:00-14:30 und 17:30-23:00, Mo Ruhetag

Nach der Linkskurve der Straße biegen Sie rechts ab in den Heinrich-Zille-Winkel. Hier erreichen Sie das links von der Straße stehende und 1220 errichtete ⌘ Rittergut ❶, das u. a. einen kleinen Weinberg, einen 15 m tiefen Brunnen und eine 1842 gegossene Glocke besitzt.

Sie gehen geradeaus weiter und biegen bei der nächsten Möglichkeit links ab. Sie folgen dem Weg bis zum Ufer der Parthe. Nachdem Sie die Parthe nach rechts überquert haben, folgt die Überquerung der Bundesstraße 87. Anschließend setzen Sie die Wanderung auf einem an der linken Seite der Straße angelegten Fußweg nach rechts fort. Der Weg führt Sie abermals zum Ufer der Parthe. Sie folgen dem Gewässer flussabwärts, unterqueren eine Eisenbahnbrücke und überqueren nur wenige Meter später auf einer kleinen Brücke den Fluss. Danach laufen Sie am rechten Ufer der Parthe bis zum Ortseingang von Graßdorf und dem hier liegenden gleichnamigen ✗ Landgasthof Gut Graßdorf ❷.

✗ Landgasthof Gut Graßdorf, Am Volksgut 2, 04425 Taucha, ☏ 03 42 98/15 61 58, www.wulf-catering.de, Mo-Fr 17:00-23:00, Sa/So 11:30-23:00

Vom Landgasthof weist Sie die ✎ grün-weiße Markierung durch den Ort und durch ein kleines Waldstück bis zum Ortseingang von Seegeritz ❸. Am Rastplatz trifft der Parthewanderweg auf den von Jesweitz kommenden ✎ Pilgerweg Via Imperii und auf den Lutherweg. Im Ort halten Sie sich zunächst links, um nach ca. 200 m dem Lutherweg bergauf in Richtung Friedhof und ✞ Kirche zu folgen.

☺ Am Eingangstor zum Friedhof steht eine Informationstafel über das Leben des 1771 in Metzküll/Livland geborenen und 1813 in Taucha gestorbenen russischen Generals von Manteuffel. Der auf dem Friedhof beerdigte Manteuffel, der als Generalmajor die russischen Kosaken anführte, kämpfte während der Völkerschlacht mit den mit Russland verbündeten Preußen und mit Österreich gegen Napoleon und die von ihm geführte französische Armee.

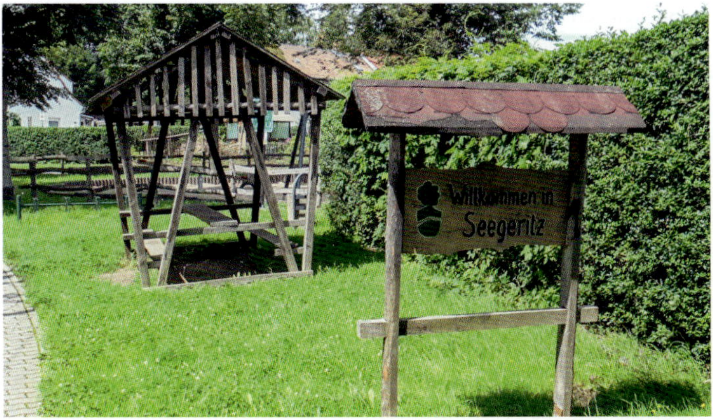

Raststätte in Seegeritz

Das Dorf Seegeritz (vom slawischen Ausdruck für „hinter dem Berg") verlassen Sie durch das Oberdorf. Unmittelbar am Ortsausgang von Seegeritz steht hinter dem letzten Haus auf der rechten Seite des Weges eine Bank. Falls Sie diese nutzen und sich hier ausruhen, haben Sie einen herrlichen Blick auf die vor Ihnen liegende Auenlandschaft.

Der nun bis nach Plaußig führende Weg gehört zu den schönsten im Leipziger Umland. Während links des Weges saftige Wiesen, die Parthe und der Mimo-Wald den Blick begrenzen, schweift das Auge rechts zu den am Weg liegenden Hügeln der Endmoränen und über die von Hecken unterbrochenen Felder. Lassen Sie sich vom Wind treiben und genießen Sie diese Augenblicke. Der Wind und die Lust am Wandern begleiten Sie bis in das Dorf. Bevor Sie jedoch Plaußig erreichen, überqueren Sie den Hasengraben, der Teil eines Bioreservats ist. Der sogenannte Hasensteig geleitet Sie schließlich in den Ort. Am Dorfteich halten Sie sich links und laufen auf der Dorfstraße bis zur ✞ Kirche St. Martin, die Glocken aus dem 15. Jh. besitzt. Unmittelbar vor dem Erreichen des Gotteshauses zweigt der Weg jedoch links in Richtung Portitz ab. Es folgen eine weitere Überquerung der Parthe und danach (hier ✎ Markierung des Pilgerweges beachten!) ein rechts in ein kleines Wäldchen führender Weg.

Nach der Durchquerung des Waldes blicken Sie auf die ✞ Portitzer Wallfahrtskirche, die auf einem ⌘ ehemaligen heidnischen Opferplatz steht. Dem Gotteshaus folgt der rechts von der Straße abzweigende, schmale alte Portitzmühlenweg.

Sie betreten die zunächst schattige, enge Gasse und gelangen, nachdem sich der Weg weitet und Sie die Parthe ein weiteres Mal überquert haben, zur ⌘ Portitzmühle. Der Weg führt Sie nun durch den Auenwald und schließlich bis zu einer Straßenkreuzung. Hier wenden Sie sich nach links und unterqueren in südlicher Richtung auf dem Weg Am Keulenberg die A14. Danach laufen Sie zwischen einer Kleingartensiedlung und Einfamilienhäusern bis zu einer Straßenkreuzung. Hier folgen Sie der links abzweigenden Plösener Straße. Diese führt Sie bis zur Göteborger Straße, wo Sie sich erneut nach links wenden. Die Straße führt Sie ein weiteres Mal über die Parthe und bis zu einer 200 m dahinter liegenden Kreuzung, die Sie geradeaus überqueren.

↳ Nach 100 m führt Sie ein Weg nach links zur ✞ Wehrkirche.

Die Kirche Hohen Thekla

Die im Leipziger Stadtteil Thekla (das griechische Wort *Thekla* bedeutet „Ruhm" oder „guter Ruf") auf einer Felskuppe an der Parthe stehende Wehrkirche ist das älteste Gebäude im Leipziger Stadtgebiet. Gemeinsam mit den Wehrkirchen in Panitzsch und in Beucha bildet sie den Verbund „Hohe Priester".

Sie biegen rechts ab und durchqueren den Stadtteil Thekla in westlicher Richtung. Noch vor der Straßenbahnendhaltestelle folgen Sie dann dem nach links zum Bagger weisenden Hinweisschild.

☺ ↳ Die Endhaltestelle der Straßenbahnlinie 9, die zum Leipziger Hauptbahnhof fährt, befindet sich nur 200 m entfernt von hier. Sie können die Tour auch hier beenden.

Am Bagger ❹ – einem seit 2000 offiziellen Naturbad – lädt das ☕ Eiscafé zum Besuch ein. Den besonderen Namen erhielt die zum Baden zugelassene Kiesgrube, weil auf ihrem Grund Luren und Förderbänder liegen.

☕ Eiscafé am Bagger, Kiebitzstraße 20, 03449 Leipzig/Thekla, ☏ 03 41/921 49 52, 💻 www.eiskaffeeambagger.de, Öffnungszeiten abhängig vom Wetter, bitte vorher anrufen

Den See verlassen Sie auf dem ✎ grün-weiß markierten Parthewanderweg. Dieser führt Sie nach der Unterquerung der Eisenbahngleise bis zum ♜ Abtnaundorfer Schloss. Unmittelbar vor dem Erreichen des Schlosses wenden Sie sich zunächst nach rechts und betreten dann nur wenige Meter später den Uferweg.

Die „Freges“ und der Abtnaundorfer Park

Campino ist ein Leipziger! Der Sänger der Toten Hosen ist ebenso ein Sprössling der weit verzweigten Freges wie Ludwig Frege, der ehemalige Präsident des Bundesverfassungsgerichts. Zur Familie gehörte jedoch auch Christian Gottlob II., der am Ende des 18. Jh. das im Leipziger Stadtzentrum stehende Fregehaus und das Rittergut Abtnaundorf kaufte. In Abtnaundorf legte Traugott Thomasius in seinem Auftrag einen sentimentalen Landschaftsgarten an. 100 Jahre später riss ein weiterer Frege das Herrenhaus ab und ersetzte es durch ein im Stil der Neorenaissance erbautes Schloss.

Im Schlosspark ereignete sich jedoch auch eine Tragödie, weil am 13. April 1945 mindestens 80 Häftlinge des Theklaer Außenlagers vom KZ Buchenwald von Angehörigen der SS erschossen wurden. Heute ist der Park, in dem es eine große Wiese, einen Teich und eine Insel gibt und in dem ein Tempel steht, still und anmutig. Über die Parthe führt auch eine romantische Bogenbrücke und zum Schloss, das als private Wohnanlage genutzt wird, eine breit angelegte Kastanienallee.

☺ Am ersten Samstag im September wird während des alljährlichen Parkfestes klassische Musik gespielt, auch öffnet an diesem Tag ein Flohmarkt und es werden Führungen durch den Park angeboten.

Schönefelder Schloss

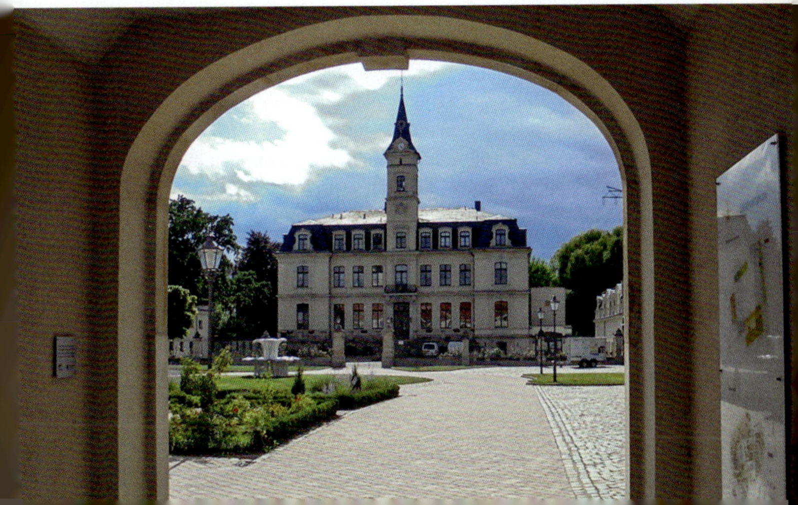

Im Rücken des Schlosses bzw. am südlichen Ende des Abtnaundorfer Parks steht die Sportschule Egidius Braun. Sie laufen an ihr vorbei und gelangen zur Volbedingstraße. Nach der ✋ Überquerung der Straße bleiben Sie auf dem Uferweg, der Sie, nachdem Sie eine kleine Anhöhe bewältigt haben, auf eine breite Allee und schließlich bis zum ♜ Schönefelder Schloss führt. Der Weg umrundet zunächst das Schloss und zweigt schließlich in den ⌘ Mariannenpark ab ❺.

➪ An der Zeumerstraße stehen die 1883 in Form einer Pyramide errichtete ⌘ Grabstätte der Freifrau Clara Hedwig von Eberstein und die 1820 eingeweihte ✞ Gedächtniskirche. Hier heirateten 1840 Clara und Robert Schumann. Im gegenüber der Kirche und der Pyramide stehenden Schloss Schönefeld und dem ehemaligen Rittergut befinden sich eine Förderschule, ein Kindergarten, die Mariannenstiftung und das Café Kulturgut (☏ 03 41/550 37 73, 🚪 jeden zweiten und vierten Di im Monat 13:00-17:00).

Die Freifrau Clara Hedwig von Eberstein, das Schloss Schönefeld, eine Pyramide und der Mariannenpark

Die 1817 in Leipzig geborene Baronesse war – als letzte Nachfahrin der seit 1794 im Schloss Schönefeld residierenden Adelsfamilie von Eberstein – eine der schillerndsten Frauen in der Leipziger Stadtgeschichte. Obwohl sie seit ihrer Kindheit an einer Rückgratverkrümmung litt und wahrscheinlich aus diesem Grund unverheiratet blieb, galt sie als weltoffen und als reiselustig. Sie interessierte sich für Natur- und Völkerkunde und finanzierte als eine generöse Mäzenin zahlreiche Kunstprojekte. Vor ihrem Tod verfügte sie zudem, dass ihr Vermögen die finanzielle Grundlage der von ihr gegründeten Mariannenstiftung bildete. Die Stiftung beauftragte 1913 den Landschaftsarchitekten Leberecht Migge zur Planung des Mariannenparks als einen Volksgarten.

Der Mariannenpark erhielt seinen Namen in Gedenken an die Mutter der Freifrau Clara Hedwig von Eberstein. Charakteristisch für den Park sind die hier eingebauten Treillagen und flache Treppen und ein üppiger Pflanzenwuchs.

📖 Susanne Gatz, Leipzigs geheime Gärten, Jaron-Verlag, Berlin, 2018

Im Park folgen Sie der ✎ grün-weißen Markierung und der Allee, die Sie zu einem Spielplatz und zum ⌘ Rosengarten führt. Die Haltestelle der Straßenbahnlinie 1, das Ziel dieser Wanderung, befindet sich gegenüber vom Park.

⑰ Die Jahrhundertwanderung – von Dölitz bis zum Cospudener See

Tour für Familien, Natur- und Kulturbegeisterte

Die Wanderung startet mit einem Blick auf einen Obelisken. Es folgen ein Torhaus, eine Informationstafel über Goethes Aufenthalte im ehemaligen Dorf Dölitz und der Agra-Park (auch die „Agra" genannt). Am Ziel hat die Tour – die zudem durch das Waldgebiet die Neue Harth bis zum Cospudener See führt – mehrere Jahrhunderte der Leipziger und Markkleeberger Stadtgeschichte miteinander vereint.

➔ Start: Straßenbahnhaltestelle „Leinestraße" in Dölitz, GPS N 51°17.221' E 12°23.582'; Ziel: Bushaltestelle „Zöbigker Schmiede" am Cospudener See, GPS N 51°15.996' E 12°21.115'

11 km

2 Std. 50 Min.

76 m/72 m

108-123 m

Der Weg folgt im Dölitzer Holz zunächst einer rot-weißen Markierung, danach den Markierungen des Pleißeradweges und den durch die Neue Harth führenden Wegweisern.

zunächst auf Fuß- und Waldwegen, danach am Ufer der Pleiße auf Wegen mit asphaltiertem Untergrund sowie größtenteils auf Waldwegen und auf Radwegen am Ufer des Cospudener Sees

Spreewaldschänke im Dölitzer Holz (km 0,6), Parkgaststätte im Agra-Park (km 1,3), Radlerhof (km 5,4), das Eiscafé am Ziel (km 10) sowie zahlreiche Gaststätten im Hafen Zöbigker

Im Dölitzer Holz, im Agra-Park und im Waldgebiet der Neuen Harth gibt es zahlreiche Bänke und Raststätten.

Der Cospudener See (ab km 9,5) mit dem Blick zur Leipziger Skyline ist ein Badeparadies.

Die Tour ist für Kinder sehr gut geeignet. Sie kommen auf der Tour am Naturspielplatz Kinderreich im Dölitzer Holz (km 1), der Ökoschule Markkleeberg (km 1,8) und dem Spielplatz am Hafen Zöbigker (km 10,3) vorbei.

Die Mitnahme eines Kinderwagens ist durch einige durch die Neue Harth führende Waldwege nur bedingt zu empfehlen.

Die Tour ist für Hunde sehr gut geeignet. Vor allem in der Neuen Harth und am Hundestrand des Cospudener Sees werden sich Ihre vierbeinigen Freunde wohlfühlen.

Sowohl am Start, d. h. im Dölitzer Holz, als auch am Ziel am Hafen Zöbigker gibt es zahlreiche Parkmöglichkeiten.

Zum Start gelangen Sie mit der Straßenbahnlinie 11, Haltestelle „Leinestraße“. Diese fährt alle 15 Min. Am Ziel befindet sich die Haltestelle „Zöbigker Schmiede“, von wo Sie mit dem Bus 106 Mo-Sa alle 30 Min. und So stündlich zum S-Bahnhof in Markkleeberg fahren können. Dort haben Sie Anschluss an die S-Bahn nach Leipzig, die alle 20 Min. fährt.

☺ Am Hafen Zöbigker (km 10) können Sie Ruder- und Tretboote ausleihen.

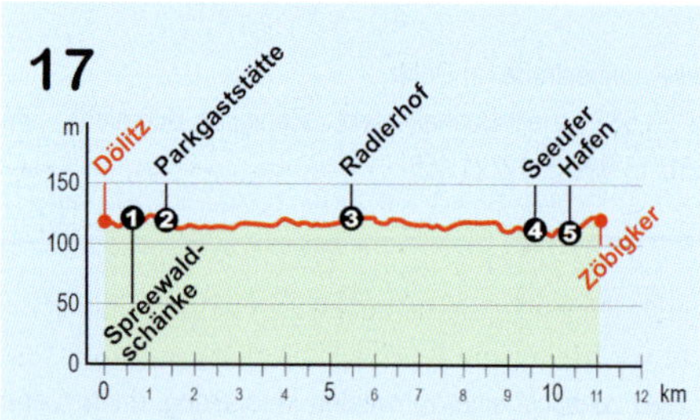

An der Haltestelle „Leinestraße“ laufen Sie zunächst 80 m stadteinwärts und biegen danach in die nach links abzweigende Helenenstraße ab. Nur wenige Meter weiter steht auf der rechten Straßenseite das 1810 erbaute Haus Helene. Es folgt ein 1894 von einem Bürgerverein aufgestellter Obelisk. Im Rücken des Obelisken, d. h. nur 200 m von diesem entfernt, steht am Ufer der Mühlpleiße das ⌘ Torhaus Dölitz.

Das Torhaus Dölitz

Das Torhaus ist der einzig erhaltene Teil eines einst hier stehenden Schlosses. Dieses gehörte mehrere Jahrhunderte der Leipziger Kaufmannsfamilie Winckler und markierte den Übergang von der sächsischen Spätrenaissance zum Frühbarock. Das Torhaus könnte jedoch – da hier mehrere Kriege wüteten – auch ein Mahnmal sein. Als solches könnte es die während des Zweiten Weltkrieges erfolgte Zerstörung des Schlosses und die unbeabsichtigte Verbrennung der Rittergutsscheune bezeugen. Das Torhaus steht jedoch schweigend. Auch genießt es seit 2014 die Pflege eines Vereins. Dieser hat im Gebäude ein Zinnfigurenmuseum mit über 1.000 Figuren eingerichtet.

⌘ Zinnfigurenmuseum, Helenenstraße 24, 04279 Leipzig, ☏ 03 41/338 91 07, www.Leipzig1813.com und www.zinnfigurenfreunde-leipzig.de, Mi, Sa und So 10:00-17:00

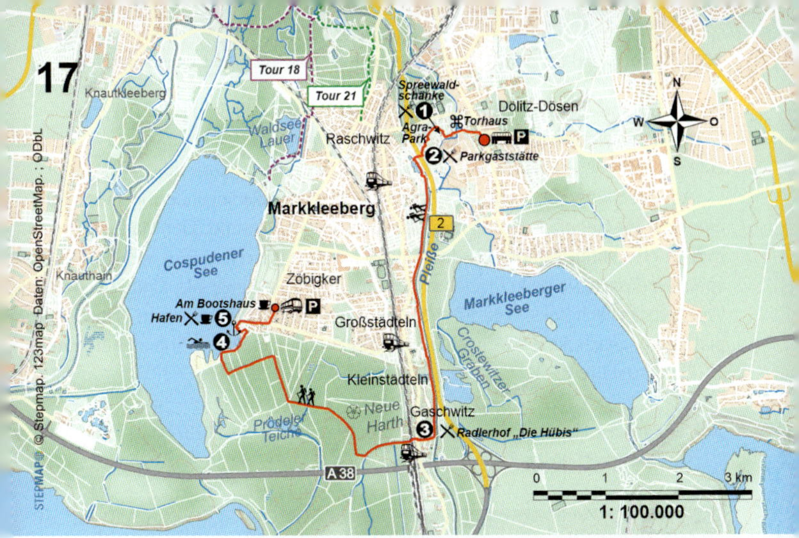

Auf dem westlich des Torhauses liegenden Areal zelten im Oktober militärhistorische Vereine, auch siedelt hier zu Pfingsten – während des Wave-Gotik-Festivals – ein „heidnisches Dorf“. Nur wenige Hundert Meter in nördlicher Richtung vom Torhaus entfernt steht zudem die Dölitzer Wassermühle. Auch hier engagiert sich ein ehrenamtlicher Verein, der Führungen und Vorträge über die Themen Wasser, Energie und Umweltethik organisiert.

⌘ Grün-Alternatives Zentrum Leipzig e. V., Vollhardtstraße 16, 04279 Leipzig, 💻 www.doelitzer-wassermuehle.de, ☏ 03 41/338 93 52. 🚪 Das Mühlengelände ist täglich begehbar. Das hier stehende Vereinsbüro ist Mo-Fr 8:00-14:00 geöffnet.

Eine in unmittelbarer Nähe zum Torhaus stehende Tafel informiert über Goethes Bekanntschaft mit der einst in Dölitz wohnenden Familie Oeser. Der Dichter, der während seines Jurastudiums vom Familienoberhaupt im Fach Zeichnen unterrichtet wurde und sich jedoch vor allem für Friederike, die älteste Tochter des Hausherrn, interessierte, wanderte als Student häufig vom Leipziger Stadtzentrum durch den Auenwald bis nach Dölitz. Der an das Torhaus und an die Wassermühle angrenzende Goethesteig erinnert an diese Begebenheit. Bevor Sie den zur „Agra“ – dem einstigen Zentrum der sozialistischen Gartenausstellungen – führenden Hauptweg betreten, empfiehlt sich der Besuch des links des Weges stehenden ✕ Restaurants Spreewaldschänke ❶.

✕ Spreewaldschänke, Im Dölitzer Holz 7, 04279 Leipzig, ☏ 03 41/338 35 70, www.spreewaldschaenke.de, täglich 12:00-22:00

Am gegenüberliegenden Ufer des hinter der Schänke liegenden Teiches informiert ein Geopfad über den sächsischen Braunkohlewald. Der Pfad endet am bereits erwähnten Hauptweg, den Sie nach rechts betreten. Nur wenige Meter später verlassen Sie beim Erreichen des Eingangs zum Spielplatz Kinderreich den Weg wieder nach links. Nun führt Sie ein kleiner Pfad zunächst zum Naturspielplatz und danach zur 1956 nach Plänen des Architekten Heinz Sommer erbauten ✕ Parkgaststätte ❷.

✕ Parkgaststätte, Im Dölitzer Holz 20, 04279 Leipzig, ☏ 03 41/337 93 04, Mi-Mo 11:00-22:00

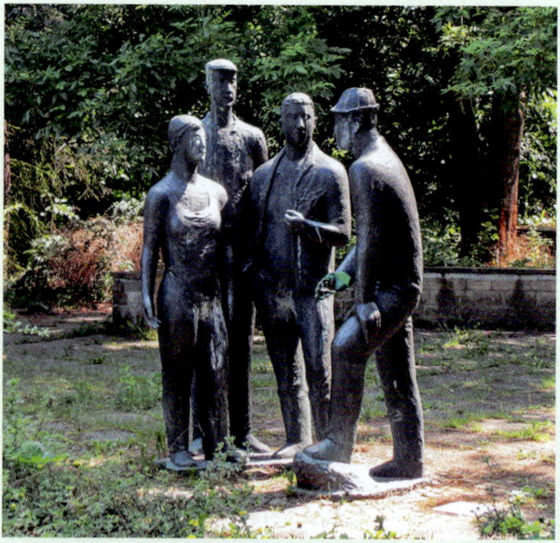

Denkmal des sozialistischen Realismus

Der Agra-Park in Markkleeberg

Auf der „Agra" residierte von 1950 bis 1989 die sozialistische Gartenausstellung. Schöpfer des ursprünglich im Stil des englischen Landschaftsgartens konzipierten Areals war jedoch der Konsul und Zeitungsverleger Paul Herfurth. Dieser ließ, nachdem er 1889 die zwischen Markkleeberg und Dölitz liegenden Wiesen käuflich erworben hatte, für seine Familie die dem Versailler Lustschloss Petit Trianon nachempfundene Villa Herfurth, das heutige „Weiße Haus", bauen. Auch die im Park stehenden Tempelanlagen, die Teiche, Buchen und Sommerblumenwiesen stammen von ihm. 1945 wurde der Park ein öffentliches Gut und Heimstätte der sogenannten „Agra".

Die typischen Gestaltungsmerkmale jener Zeit – wie zum Beispiel die Parkgaststätte, die höhenversetzten Terrassen, die Sitzmauern, die Pergolen, die Schaubeete und das dichte Wegnetz – haben sich bis heute erhalten. Im Park sind der Musentempel, die Teiche, das „Weiße Haus", das Deutsche Fotomuseums und die Ökoschule sehenswert.

⌘ Weißes Haus, Raschwitzer Straße 13, Kulturbetrieb Markkleeberg, 04416 Markkleeberg ☏ 03 41/354 14 12, 💻 www.markkleeberg.de, 🚪 Di-Do 10:00-17:00

♦ Deutsches Fotomuseum, Raschwitzer Straße 11b, 04416 Markkleeberg, ☏ 03 41/651 57 11, 💻 www.fotomuseum.eu, 🚪 Di-So 13:00-18:00

♦ Ökoschule Markkleeberg, Am Festanger 8, 04416 Markkleeberg, ☏ 03 41/35034120, 🚪 zurzeit keine regelmäßigen Öffnungszeiten, Öffnung für Schulen und Kinder- und Jugendeinrichtungen und für private Feiern und Veranstaltungen nach Bedarf

🍴 Restaurant Il Palazzo, Im Dölitzer Holz 20, 04279 Leipzig, ☏ 03 41/870 61 91, 💻 www.ristorante-il.palazzo-leipzig.de, 🚪 Mo Ruhetag, Di-So 12:00-22:00

Nach der Parkgaststätte folgen Sie den zum „Weißen Haus" zeigenden Wegweisern. Sie unterqueren die Bundesstraße und überqueren unmittelbar danach auf einer kleinen Brücke die Pleiße. Danach laufen Sie bis zu einer weiteren Brücke, wo Sie unmittelbar davor nach links abzweigen. Der Weg führt Sie am Ufer des großen Parkteiches und mit dem Blick auf das Weiße Haus und auf den ionischen Musentempel in den südlichen Teil des Parks.

Sie laufen an den zu Beginn der 80er-Jahre entworfenen ⌘ Reliefs „Klasse der Genossenschaftsbauern" und „Der Weg der Bauern" sowie am Rosengarten vorbei und gelangen auf den am rechten Ufer der Pleiße aufgeschütteten Damm. Hier folgen Sie den in südliche Richtung und nach Gaschwitz zeigenden Wegweisern. Sie laufen bis nach Gaschwitz und erreichen nach insgesamt 5,4 km den 🍴 Radlerhof ❸.

🍴 Radlerhof „Die Hübis", Cröbernsche Straße 13, 04416 Markkleeberg/OT Gaschwitz, ☏ 03 42 99/79 39 70 und 015 22/781 85 97, 🚪 Sa-So 11:00-20:00. Die 2014 von der Familie Reuter eröffnete Gaststätte wird seit 2021 von Familie Hübner betrieben.

Den Radlerhof verlassen Sie auf der zum Bahnhof führenden Straße nach rechts. Sie unterqueren die Gleise und erreichen nach insgesamt 6 km das Waldgebiet der ✿ Neuen Harth.

Die Neue Harth

Die Neue Harth ist ein südlich von Leipzig gelegener und auf einem ehemaligen Kohletagebau aufgeforsteter Mischwald. Ursprünglich wuchsen hier jedoch die Bäume, Sträucher und Kräuter der sogenannten „Alten Harth". Der sich einst von Zwenkau bis Großdeuben erstreckende Wald besaß Erhebungen, Lichtungen und Auen und vermögende Leipziger Bürgerinnen und Bürger bauten am Ende des 19. Jh. hier Villen und ein Sanatorium. Die Alte Harth wurde in den 60er- und 70er-Jahren des letzten Jahrhunderts überbaggert und erst das Ende der Braunkohleförderung ermöglichte eine – wenn auch flächenmäßig begrenzte – Aufforstung des ehemaligen Waldgebietes.

In die Neue Harth weist Sie zunächst ein ✎ blau-weiß markierter Wanderweg. Sie laufen an einer Weggabelung geradeaus und zweigen dann an einer Wegkreuzung nach rechts in Richtung Norden ab. Sie folgen nun der ✎ Markierung des Lutherweges und der Markierung der sogenannten Gaschwitzer Linie. Am Wegkreuz auf der Prödeler Höhe (die Höhe erinnert an das weggebaggerte gleichnamige Dorf) betreten Sie den geradeaus führenden Pilgerweg.

✋ Nach ca. 700 m zweigt der Prödeler Weg links vom Weg ab. Sie folgen der Abzweigung und gelangen, den Wegweisern zum Cospudener See folgend, nach insgesamt 9,5 km an das Ufer des Sees ❹.

Nun wenden Sie sich nach rechts und erreichen – 🐕 vorbei an einem hier eingerichteten Hundestrand! – nach insgesamt 10 km den Hafen Zöbigker ❺.

Der Cospudener See

Der 🏊 Cospudener See, ein ehemaliger, gefluteter Braunkohletagebau, wird von einem 10,4 km langen Uferweg umrundet. Am Ufer des Sees, der zudem einen 2 km breiten Sandstrand besitzt und seit 2012 durch die Freilegung des Elsterfloßgrabens mit dem nur 6 km entfernten Leipziger Stadtzentrum unmittelbar verbunden ist, finden Sie mehrere Gaststätten und Ferienwohnungen.

🍴☕ Sole Mio, Hafenstraße 23, 04416 Markkleeberg, ☎ 03 41/354 26 83, 💻 www.solemio-seeterrasse.de, 🚪 täglich 10:00-23:00

🍴 Wasserwirtschaft, Hafenstraße 21, 04416 Markkleeberg, ☎ 03 41/350 32 32, 🚪 Mo-Fr 12:00-24:00 und Sa-So 10:00-24:00

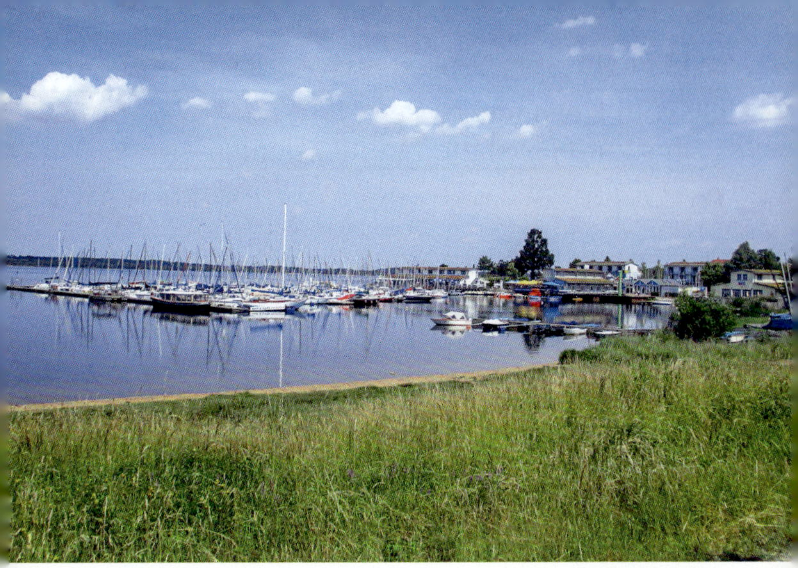

Cospudener See

☕ Café Kandler, Hafenstraße 21, 04416 Markkleeberg, ☏ 03 41/350 24 70, 💻 www.cafekandler.de, 🚪 Sa, So und Feiertage 11:30-18:00 (nur bei gutem Wetter), sonst vorher telefonisch anfragen

Den Hafen verlassen Sie in Richtung des Wohngebietes über die Cospudener Straße. Dann biegen Sie nach links in die Koburger Straße ab und gelangen schließlich zu der 🚌 Bushaltestelle der Linie 106 und dem ☕ Eiscafé Am Bootshaus.

☕ Am Bootshaus, Koburger Straße 210, 04416 Markkleeberg, ☏ 03 41/358 80 68 und 📱 01 78/402 81 67, 💻 www.cospudener-bootshaus.de, 🚪 Mo-Di und Fr 13:00-18:00, Sa und So 12:00-18:00, Mi und Do Ruhetage

☺ Nur 200 m vom Eiscafé entfernt steht auf der Dorfstraße 2 und inmitten des Wohngebietes die Fahrradkirche Zöbigker (☏ 03 41/358 69 58).

☺ Die an der Kreuzung zur Koburger Straße nach Osten verlaufende Zöbigker Straße führt zur 1,7 km entfernten 🚆 S-Bahn-Station „Großstädeln".

⑱ Vom Cospudener See bis zur Gaststätte Drei Kastanien

Tour für Familien

Diese Wanderung führt Sie vom Nordufer des Cospudener Sees – entlang am Ufer des Waldsees Lauer durch den südlichen Teil des Leipziger Auenwaldes und entlang am Ufer der Weißen Elster – bis in den Stadtteil Schleußig bzw. bis zur Gaststätte Drei Kastanien, die in einem Kleingartenverein steht.

→ Start: Bushaltestelle „Erlebnisachse" am Nordufer des Cospudener Sees, GPS N 51°16.911' E 12°21.074'; Ziel: Gaststätte Drei Kastanien in Leipzig-Schleußig, GPS N 51°19.077' E 12°20.840'

6,3 km

1 Std. 50 Min.

↑↓ 60 m/61 m

⇧ 107-126 m

Der Weg ist vom Cospudener See bis nach Schleußig mit grün-weißen Wegweisern gut markiert.

Diese Wanderung verläuft größtenteils auf weichen Waldwegen und nur am Ende kurzzeitig auf Wegen mit asphaltiertem Untergrund und auf Fußwegen entlang einer Nebenstraße.

Imbiss im Bootsverleih des Kanuclubs Leipzig (km 4,9) und Gaststätte Drei Kastanien (km 6,3). Abseits des Weges können Sie in Markkleeberg im Café Brot und Kees und im Wildpark in dem Teehaus, der Gaststätte oder dem Imbiss einkehren.

Am Ufer des Cospudener Sees, im Auenwald und am Ufer des Elsterflutbeckens stehen Bänke.

Nordstrand am Cospudener See (200 m vom Start entfernt) und der Waldsee Lauer (km 0,5)

Der Weg ist für Kinder sehr gut geeignet. Es gibt einen Naturspielplatz am Cospudener See (km 0,2), weitere Spielplätze im Wildpark (ab km 2,6) und an der Gaststätte Drei Kastanien (km 6,3).

Die Wanderung eignet sich sehr gut für die Mitnahme eines Kinderwagens.

Die Strecke ist für Hunde nur bedingt geeignet, da häufig Leinenzwang herrscht.

P Im ca. 300 m vom Start entfernt liegenden Markkleeberg gibt es ebenso wie im Zielort Schleußig zahlreiche Parkmöglichkeiten.

Von Leipzig können Sie mit der S-Bahn alle 15 Min. zum S-Bahnhof in Markkleeberg fahren und von dort mit dem Bus Linie 65 Mo-Fr alle 20 Min., Sa und So alle 30 Min. zum Startpunkt. Am Ziel gibt es auf dem Schleußiger Weg nur 100 m entfernt von der Gaststätte Drei Kastanien eine Haltestelle der Buslinie 79 („Rochlitzer Straße"), die Sie alle 30 Min. zum S-Bahnhof in Connewitz bringt, wo Sie Anschluss an die Straßenbahnlinie 1 haben, die alle 15 Min. nach Leipzig fährt.

Von der Bushaltestelle laufen Sie zunächst einige Meter in nördliche Richtung.

Falls Sie die entgegengesetzte Richtung wählen, dann erreichen Sie nach 300 m das am Eingang des Kees'schern Parks eingerichtete Café Brot und Kees. Der ⌘ Park wurde 1713 vom Leipziger Ratsherren Wolfgang Jöhner im englischen Stil mit barocken Elementen angelegt.

Zu einer Erweiterung des Parks kam es ab 1885 durch die Familie Kees, die Brücken, einen Wintergarten und einen Pavillon baute.

Café Brot und Kees, Kees'scher Park 1, 04416 Markkleeberg, ☏ 03 41/26 45 11 81, Oktober bis März Di-So 11:00-18:00, April bis September Di-So 9:00-18:00

Brücke über den Floßgraben

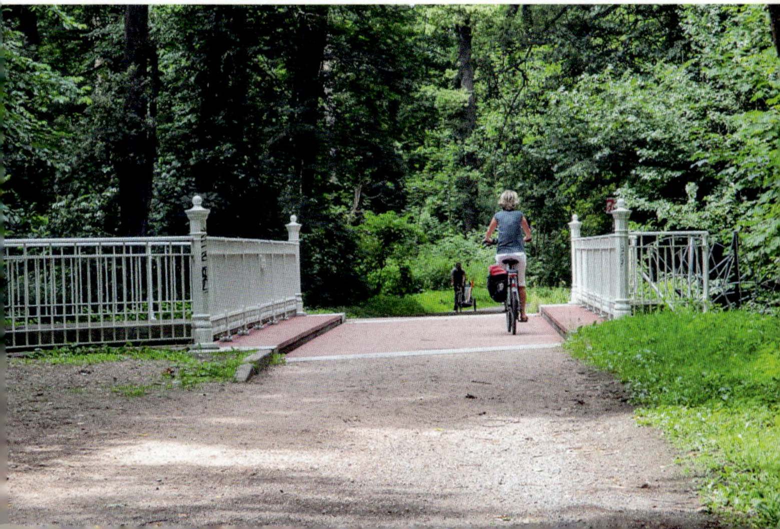

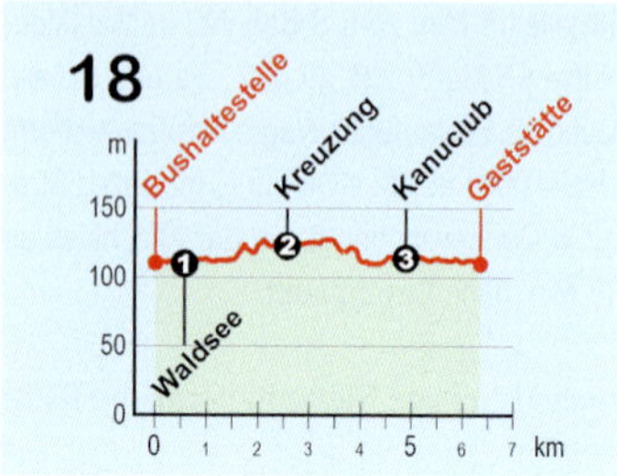

Nach 50 m zweigt rechts ein kleiner sandiger Pfad von der asphaltierten Straße ab. Sie folgen dem Pfad und gelangen zum unmittelbar neben dem Floßgraben angelegten Naturspielplatz. Nach der Überquerung des Grabens schwenken Sie erneut nach rechts und gelangen nach 500 m an das Südufer des Waldsees Lauer ❶.

Der Waldsee Lauer

Der in den 70er-Jahren künstlich angelegte See war einst eine Kiesgrube. Durch den See, der seinen Namen durch das einst hier stehende Gut Lauer erhielt, fließt der Floßgraben. Er besitzt – da ihn Bäume und ein schmaler Schilfgürtel vollständig umgrenzen und in ihm Süßwasserfische wie zum Beispiel Karpfen, Hecht und Barsch leben – einen natürlichen Charakter.

Der Weg führt Sie, nach der erneuten Überquerung des Floßgrabens, zum östlichen Ufer des Sees. Wenige Meter später zweigen Sie, unmittelbar bevor Sie das Nordufer erreichen, nach rechts ab.

Es folgen eine Straßenüberquerung und die Überquerung der Eisenbahngleise. Danach betreten Sie den Equipagenweg nach links und folgen ihm, bis Sie zum Wolfswinkel und dem unter den Bäumen stehenden Wolfsdenkmal gelangen. Im hier beginnenden südlichen Teil des Auenwaldes folgen Sie zunächst dem Hauptweg Neue Linie, der Sie bis zu einer am Wildpark liegenden Wegkreuzung ❷ führt.

Der ✕ Imbiss im Wildpark, die Gaststätte im Wildpark und das Teehaus befinden sich nur ein paar Hundert Meter vom Weg entfernt in östlicher bzw. das Teehaus in südlicher Richtung und sind gut ausgeschildert.

- ✕ Imbiss am Wildpark, Koburger Straße 12, 04227 Leipzig, 01 77/838 89 91
  April-Oktober Di-Do, Sa, So 11:00-18:00
- ♦ Gaststätte im Wildpark, Koburger Straße 12, 04227 Leipzig, ☏ 03 41/391 33 34,
  Do-Fr 11:30-18:00, Sa 11:30-20:00, So 11:30-19:00, Mo-Mi Ruhetage
- ♦ Teehaus, Koburger Straße 12, 04227 Leipzig, ☏ 03 41/306 99 51,
  täglich 11:00-17:00

Hier wenden Sie sich nach links. Sie betreten den Weg Die Linie und überqueren auf der Weißen Brücke den Floßgraben. An der unmittelbar dahinter liegenden Wegkreuzung betreten Sie ein weiteres Mal den links abzweigenden Weg. Nach insgesamt 3,9 km durchqueren Sie das Elsterflutbecken (☺ es führt nur bei Hochwasser Wasser).

Sie bleiben auf dem geradeaus verlaufenden Weg. Dieser führt Sie zum Ufer der Weißen Elster und Sie folgen dem Fluss stromabwärts. Nach der Überquerung eines Wehrs, das die Weiße Elster vom Elsterbecken teilt, bleiben Sie auf dem Hauptweg und erreichen am Ufer des Beckens entlang die Sportanlage des ✕ Leipziger Kanuclubs ❸.

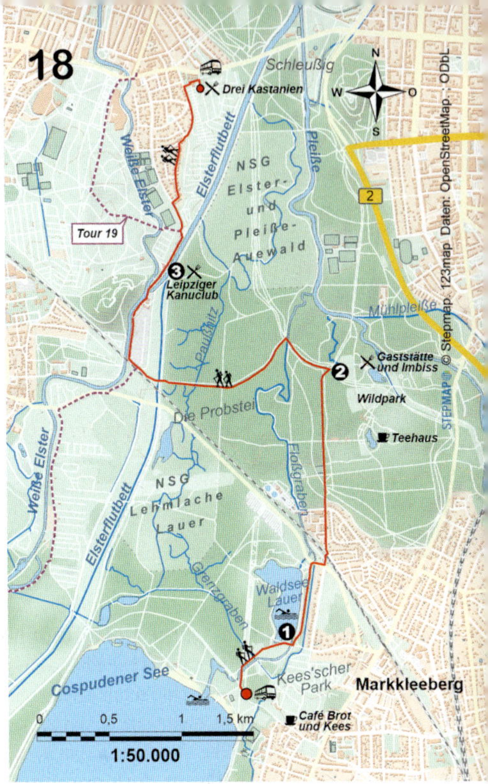

✕ Imbiss des Leipziger Kanuclubs, Pistorisstraße 66, 04229 Leipzig,
☎ 03 41/401 49 61, 💻 www.leipziger-kc.de, 🚪 April-Oktober Sa und So 11:00-16:00

Der Weg führt bis zu einer links des Weges liegenden Lichtung. Diese überqueren Sie und betreten die zwischen dem Sportplatz des Leipziger SC und einer Kleingartenanlage verlaufende Pistorisstraße. An der nächsten Gabelung wenden Sie sich nach rechts und betreten den Fußweg der Marpergerstraße.

↬ Die an der nächsten Kreuzung beginnende Wilhelm-Wild-Straße führt zum ehemaligen Wohnhaus des Philosophen Ernst Bloch.

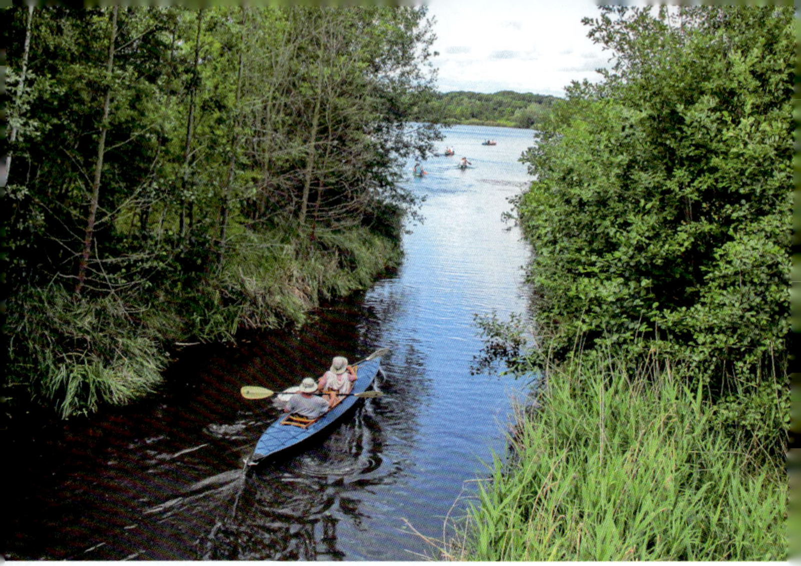

Der Elsterfloßgraben mit Blick zum Waldsee Lauer

Ernst Bloch und das „Prinzip Hoffnung“

Der 1897 in Ludwigshafen geborene Philosoph zog nach dem Zweiten Weltkrieg nach Leipzig, wo er an der Universität lehrte und einige Jahre in Schleußig in der Wilhelm-Wild-Straße 8 wohnte.

Ernst Bloch, der 1961 – nach dem Bau der Berliner Mauer – die DDR verließ und dann bis ins hohe Alter an der Universität Tübingen lehrte, schrieb im „Prinzip Hoffnung“, dass sich dieses eines Tages in einer humanistisch gesinnten und sozialistisch strukturierten Gesellschaft offenbaren würde und dass dieses sich im messianisch-schöpferischen Geist – wie zum Beispiel in Mythen, Dichtung, Musik und Malerei – bereits zeigt.

📖 Ernst Bloch, Das Prinzip Hoffnung, Suhrkamp Verlag, Frankfurt/Main, 1985

Der Fußweg entlang der Marpergerstraße führt Sie bis zur nächsten T-Kreuzung. Hier zweigen Sie rechts ab und erreichen – zunächst entlang der Hüfferstraße und später auf der engen Dammstraße – nach 6,3 km die Gaststätte Drei Kastanien.

🍴 Gaststätte Drei Kastanien, Dammstraße 1, 04229 Leipzig, ☎ 03 41/4014189, 💻 www.dreikastanien.de, 🚪 Mo-Di und Do 15:00-22:00, Fr 15:00-24:00, Sa 11:30-24:00, So 11:30-22:00, Mi Ruhetag

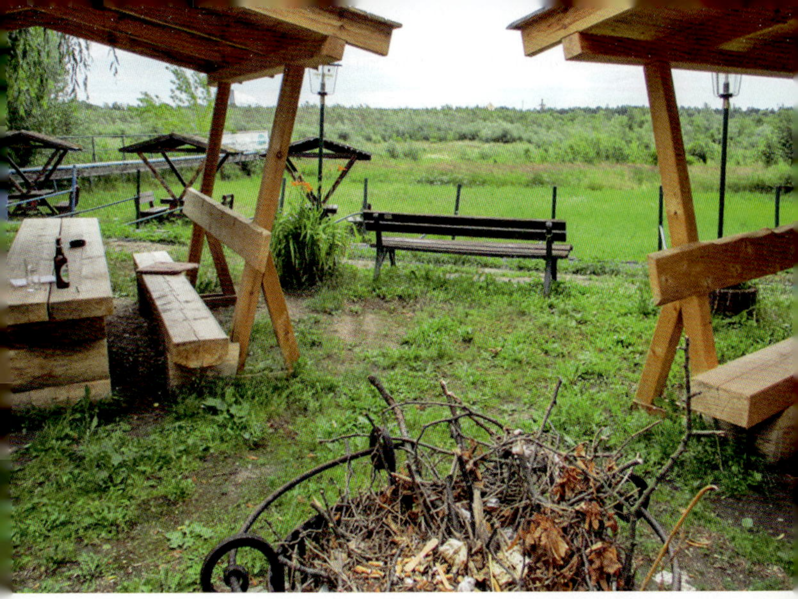

Blick auf den ehemaligen Elsterstausee

Nach insgesamt 9,2 km erreichen Sie das ehemalige Südufer mit hier ⛩ aufgestellten Bänken. Sie wenden sich nach rechts und erreichen nur 800 m später eine Wegkreuzung. Hier wählen Sie den links abzweigenden Weg und ein paar Meter weiter gehen Sie rechts und blicken nach 10,5 km auf einen zum Freizeitpark Belantis zeigenden Wegweiser. Sie folgen dem Wegweiser nach links und erreichen über die Straße Zur Weißen Mark nach insgesamt 11,7 km das Ziel der Wanderung.

Der Freizeitpark Belantis

Mit dem 2003 eröffneten Freizeitpark wurde, da bis 1932 der Leipziger Luna-Park der damals größte deutsche Vergnügungspark gewesen war, eine städtische Tradition fortgesetzt. Belantis bietet acht verschiedene Themenbereiche und ist gegenwärtig der größte ostdeutsche Vergnügungspark.

Belantis, Zur Weißen Mark 1, 04249 Leipzig, ☎ 03 41/91 03 33 33,
www.belantis.de, April-Oktober tägl. 10:00-18:00

⑳ Im Leipziger Westen – von Rückmarsdorf bis Lützschena

Tour für Natur- und Kulturbegeisterte

Die Wanderung beginnt im seit 2000 zu Leipzig gehörenden Vorort Rückmarsdorf. Vom Wachberg wandern Sie zum Bienitz und von dort am Ufer des Elster-Saale-Kanals entlang bis in das Domholz. Der Wald, durch den mit der Luppe, der Weißen Elster und der Nahle drei Flüsse fließen und der sich bis zum Zielort Lützschena erstreckt, war einst im Besitz der Merseburger Bischöfe.

→ Start: Bushaltestelle „Rückmarsdorf/Rathaus“, GPS N 51°20.791' E 12°15.641'; Ziel Straßenbahnhaltestelle „Stahmelner Allee“ in Lützschena, GPS N 51°22.850' E 12°17.591'

12,4 km

3 Std. 20 Min.

↑↓ 162 m/169 m

⇧ 95-132 m

Auf der Wanderung gibt es ab dem Bienitz verschiedene Wegweiser und Markierungen.

Diese Wanderung verläuft größtenteils auf Wegen über Felder und durch Wälder mit weichem und sandigem Untergrund, nur zu Beginn und am Ende auf Fußwegen am Rand von Nebenstraßen.

Domholzschänke (km 7,4). Abseits des Weges können Sie im Kurhaus Bienitz einkehren.

Es gibt sowohl auf dem Sandberg in Rückmarsdorf als auch im Bienitz und entlang der Luppe zahlreiche Bänke und Rastplätze.

Bademöglichkeiten gibt es im Elster-Saale-Kanal (von km 3,5 bis km 4,5).

Die Tour ist für Kinder interessant, da sie auf den Rückmarsdorfer Wasserturm steigen können und auf dem Wachberg die historische Vermessungssäule steht. Im Elster-Saale-Kanal (km 3,5 bis km 4,5) können Ihre Kinder baden, an der Domholzschänke gibt es einen Spielplatz (km 7,4) und in Lützschena führt die Wanderung durch einen historischen Schlosspark.

Die Tour ist für die Mitnahme eines Kinderwagens nur bedingt geeignet. Der Waldweg im Bienitz ist etwas holprig und der Abstieg vom Elster-Saale-Kanal oberhalb von Dölzig mit Kinderwagen nicht möglich, ☺ 200 m entfernt, nach der Überquerung einer kleinen Straße, gibt es aber einen etwas besser ausgebauten Abstieg.

🐕 Die Tour ist für Hunde sehr gut geeignet, weil sie durch den waldreichen Bienitz und durch das mit kräftigen Laubbäumen und mit dem hier wachsenden Bärlauch reich gesegnete Domholz verläuft. Ihre vierbeinigen Freunde haben Auslauf und werden Ihnen für diese Freiheiten und für zahlreiche Entdeckungen dankbar sein.

P In Rückmarsdorf gibt es Nebenstraßen, die sich zum Parken eignen. Zahlreiche Nebenstraßen, wo das Parken erlaubt ist, gibt es auch in Lützschena und in Stahmeln.

🚆🚌 Zum Startpunkt gelangen Sie alle 30 Min. von Leipzig aus mit der Buslinie 131, ab dem Ziel können Sie mit der Straßenbahnlinie 11 alle 10 Min. wieder stadteinwärts fahren.

Sie verlassen die 🚌 Bushaltestelle in westliche Richtung auf dem Fußgängerweg entlang der Hauptstraße stadtauswärts. Nach wenigen Metern erreichen Sie das im Stil des Art déco erbaute ⌘ Rückmarsdorfer Rathaus.

Rückmarsdorf

Das erst seit 2000 zur Stadt Leipzig gehörende ehemalige Runddorf besitzt mehrere Kostbarkeiten. Zu diesen gehören das Rathaus, die im 12. Jh. errichtete und 1715 umgebaute ✞ Kirche, der Dorfteich, der auf dem Wachberg stehende, 23 m hohe Wasserturm und die 1865 aufgestellte Vermessungssäule. Im Heimatmuseum ist zudem eine Eisenkugel mit ungewöhnlichen physikalischen Eigenschaften ausgestellt.

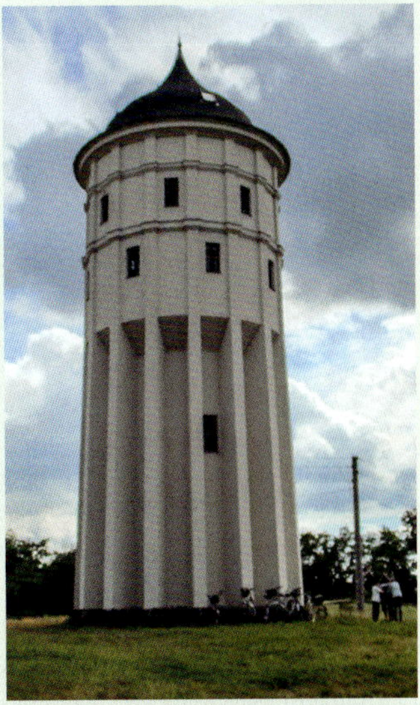

Turm auf dem Wachberg

⌘ Wasserturm auf dem Wachberg und Heimatmuseum, An der Teichmühle 2a, 04178 Leipzig, ☏ Ansprechpartner: Matthias Götz 03 41/941 22 28 oder Herr Schiwek 03 41/941 17 46 oder Herr Keusch 03 41/941 17 24, 🚪 jeden ersten Sonntag im Monat 15:00-17:00 oder nach telefonischer Absprache

🍴 Restaurant Zum Pferdestall im Hotel Drei Linden, Kastanienweg 11, ☏ 03 41/25 69 08 77, 💻 www.hotel3linden.de, 🚪 Mo-Do 12:00-22:00, Fr-Sa 12:00-23:00, So 12:00-22:00.

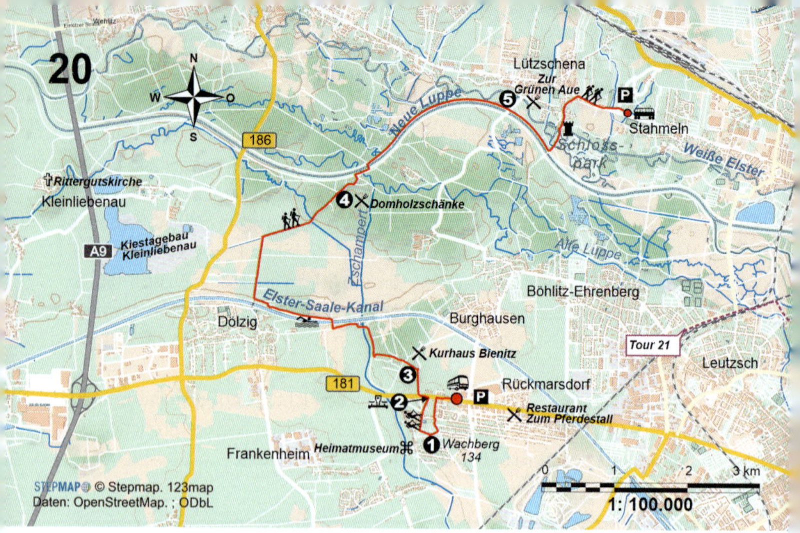

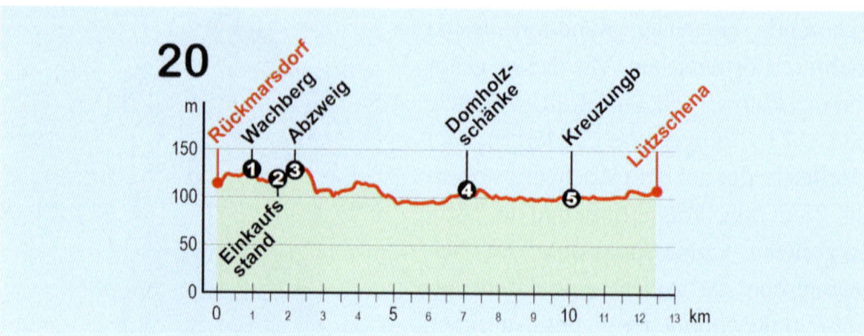

Gegenüber dem Rathaus überqueren Sie die Straße und betreten danach den Fußweg. Nach 300 m zweigt eine kleine Gasse (Wegweiser „Kegelbahn“) links vom Weg ab. Diese führt Sie zum Rückmarsdorfer Friedhof. Von hier folgen Sie der in Richtung Süden und etwas bergauf führenden kleinen Straße, bis diese schließlich an einer Straße endet. Hier folgen Sie einem rechts abzweigenden Weg. Sie laufen durch ein Wäldchen und erreichen wenige Hundert Meter später den Gipfel des Wachberges ❶. Auf ihm stehen Bänke, der Wasserturm (jeden 1. Sonntag im Monat von 15:00-17:00) und eine Vermessungssäule.

Den Berg verlassen Sie westwärts auf einem sich bergab windenden Pfad. Im Ort an einer Weggabelung angekommen halten Sie sich rechts und blicken nach insgesamt 1,2 km auf den Dorfteich.

Sie überqueren die Alte Dorfstraße und gelangen anschließend an eine Straßengabelung. Sie bleiben auf der rechts abzweigenden, kleinen Straße und erreichen nach insgesamt 1,6 km die Merseburger Straße und einen Einkaufsstand ❷.

Hier wenden Sie sich nach links. Sie laufen ca. 200 m auf dem links von der Straße angelegten Fußweg und überqueren die Straße beim ✋ Erreichen des Hinweisschildes „Kurhaus Bienitz". Der gegenüberliegende Weg führt Sie auf den Bienitz. Wenige Hundert Meter vor dem Kurhaus zweigt eine Nebenstraße links ab ❸.

↳ Geradeaus würden Sie zum ✕ Kurhaus Bienitz gelangen.

♦ Kurhaus Bienitz, Bienitzstraße 21, 04178 Leipzig, ☎ 03 41/149 45 83,
Mo-Mi Ruhetag, Do 14:00-20:00, Fr 11:30-21:00, Sa 12:00-21:00, So 11:30-18:00

Sie folgen dieser Straße und der ✎ grün-weißen Markierung und durschreiten nach insgesamt 2,7 km am Ende der Straße ein Tor. Danach betreten Sie das obere Ende der alten Rodelbahn. Am unteren Ende des Hangs angekommen folgen Sie dem Zschambert stromabwärts. Der Bach ist 11 km lang, hat seine Quelle im Kulkwitzer See und mündet im Domholz in die Alte Luppe.

Der Weg verläuft zwischen einer Wiese und unterhalb des Westhangs, wo u. a. Trauben- und Stieleichen, Zitterpappeln und Weißdorn wachsen. Vom Ende des Westhangs sind es nur wenige Meter bis zu der Stelle, wo der Zschampert den Elster-Saale-Kanal unterquert.

Der Elster-Saale-Kanal

Der im Zeitraum von 1933 bis 1943 erbaute, 11 km lange und bei Günthersdorf abrupt endende Elster-Saale-Kanal sollte ursprünglich bis Leuna führen und dort die Weiße Elster mit der Saale verbinden. Seine ideellen Vorgänger waren die seit dem 16. Jh. angelegten und ursprünglich vom Vogtland bis nach Leipzig bzw. in das Rippachtal fließenden Elsterfloßgräben und der in der zweiten Hälfte des 19. Jh. erbaute Karl-Heine-Kanal.

In diesem Zusammenhang ist auch der 1938 angelegte Lindenauer Hafen zu erwähnen, der erst seit 2015 unmittelbar mit dem 3,3 km langen Karl-Heine-Kanal verbunden ist.

Sie wenden sich nach links. Der Weg verläuft zunächst unterhalb des Kanals, bis Sie diesen nach insgesamt 3,7 km auf einer Brücke überqueren. Auf der anderen Seite angekommen folgen Sie dem links abzweigenden Uferweg. Hier gibt es zahlreiche 🏊 Bademöglichkeiten!

Nach insgesamt 4,9 km zweigt ein Pfad rechts vom Uferweg bergab. Sie folgen dem Pfad und betreten einen unterhalb des Kanals nach Dölzig führenden Weg. Dieser mündet nach ca. 200 m in eine den Kanal unterquerende Nebenstraße. Sie betreten die Straße aber nach rechts, sodass Sie sich vom Ort und vom Kanal abwenden. Nach insgesamt 5,7 km erreichen Sie eine Linkskurve.

Hier wenden Sie sich jedoch nach rechts und verlassen die Straße auf einen Weg. Dieser führt Sie zunächst auf ein Feld, später in den Auenwald und nach insgesamt 7 km schließlich zur ✕ Domholzschänke ❹.

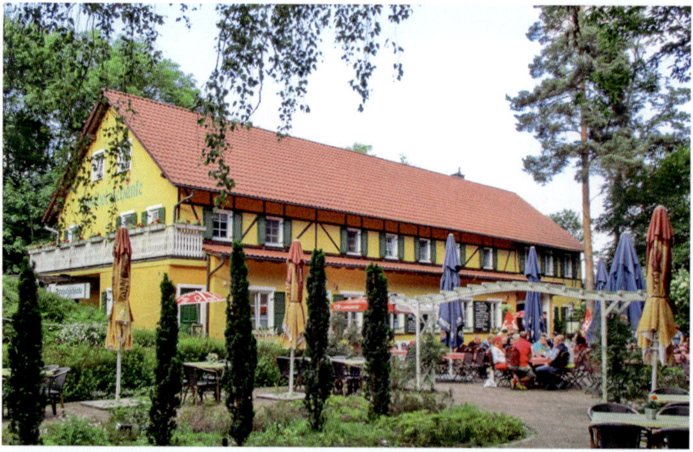

Domholzschänke

✕ Domholzschänke, Domholz 1, 04435 Schkeuditz, ☏ 03 42 05/410 61, www.domholzschaenke.com, April bis Oktober Mo Ruhetag, Di-Fr 11:30-21:00, Sa, So und Feiertage 11:00-21:00, November bis März Mo, Di Ruhetag, Mi-So und Feiertage 11:30-21:00

Unmittelbar neben der Stelle, wo heute das Gasthaus steht, stand einst eine einfache Jagdhütte. Die Schänke, die ihren Namen vom einstigen Merseburger Domstift als Besitzer des hiesigen Auenwaldes erhielt, wurde 1926 gebaut und ist seitdem ein beliebtes Ausflugsziel. Gegenwärtig betreibt man hier auch ein Fasanengehege.

☺ Im nur 2,3 km von der Domholzschänke entfernten Ort Kleinliebenau haben Enthusiasten auf Initiative des Leipziger Religionslehrers Henrik Mroska während des letzten Jahrzehnts eine 1309 erstmals erwähnte ✞ Rittergutskirche saniert und ein Pilger- und Kulturzentrum gegründet.

💻 www.kulturpilger.de

Die Domholzschänke verlassen Sie auf dem Weg nach rechts. Nach insgesamt 7,5 km zweigt ein kleiner Pfad links vom Weg in den Wald ab. Sie folgen dem Pfad und gelangen an das Ufer der Neuen Luppe. Nun wandern Sie auf dem Deich nach rechts bis zur nächsten Brücke. Hier überqueren Sie den Fluss und laufen danach stromaufwärts. Nach insgesamt 10,1 km erreichen Sie eine nach Lützschena führende Straße ❺, die Sie überqueren. Sie bleiben auf dem Deich und verlassen diesen erst in Höhe der nächsten Brücke. An der Brücke angekommen wenden Sie sich nach links. Sie betreten den ⌘ Schlosspark von Lützschena und laufen über eine über die Weiße Elster führende Brücke.

Schlosspark von Lützschena

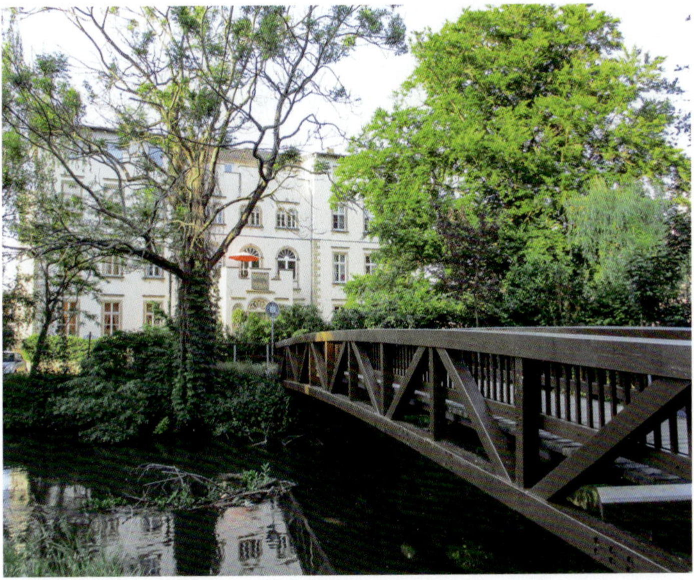

↳ Im Schlosspark befindet sich auch die ökologisch orientierte Auwaldstation.

♦ Auwaldstation Leipzig, Schlossweg 11, 04159 Leipzig, ☎ 03 41/462 18 95

Der Weg führt Sie danach auf den Hof des ehemaligen Schlosses und später in das Ortszentrum.

Lützschena und der Freiherr Maximilian von Sternburg

Das erst 1999 von Leipzig eingemeindete ehemalige Dorf war bis in das frühe 19. Jh. ein unbedeutender Vorort.

Von Bedeutung waren bis zu jenem Zeitpunkt lediglich ein 1278 erstmals urkundlich erwähntes Wasserschloss und eine 1486 erstmals urkundlich erwähnte Wassermühle. Lützschenas Aufstieg zu einem überregional bekannten Leipziger Vorort ist eng verknüpft mit dem Wirken von Maximilian von Speck. Der Unternehmer, der durch den Handel mit Wolle und durch eine eigene Schafzucht vermögend geworden war, kaufte 1822 das Rittergut mitsamt der hier stehenden Brauerei.

Nachdem ihn 1829 der bayerische König in den Adelsstand gehoben hatte, verlegte er als Freiherr Speck von Sternburg die alte Hausbrauerei auf das jetzige, nördlich der Leipziger Straße gelegene Gelände. Die Brauerei, die bis 1991 das legendäre Sternburger Bier braute, ist heute stillgelegt. Lützschena besitzt mit dem 1864 erbauten Schloss (www.schloss-luetzschena.de), dem englischen Park, der Schlosskirche und dem Rathaus dennoch Sehenswertes.

✕ Gaststätte Zur Grünen Aue, Quasnitzer Weg 11, 04159 Leipzig, ☎ 03 41/461 63 58, Mo-Di 17:00-21:00, Sa 11:00-14:30 und 17:00-21:00, So 11:00-15:00, Mi-Fr Ruhetage

Lützschena verlassen Sie mithilfe der grün-weißen Markierung. Diese führt Sie zur Hauptstraße und von dort, nachdem Sie die Straße überquert haben, auf einem neben den Straßenbahngleisen angelegten Fußweg bis zum Ziel der Wanderung, der Straßenbahnhaltestelle der Linie 11 „Stahmelner Allee".

21 Im Auenwald – vom Leutzscher Holz bis Markkleeberg

Tour für Familien

Auf dieser Wanderung, die durch den größten europäischen innerstädtischen Auenwald führt, laufen Sie zudem durch Parks und entlang an den Ufern zahlreicher Teiche und Seen und schließlich von Norden nach Süden längs durch die Stadt.

→ Start: S-Bahnhof Leipzig-Leutzsch, GPS N 51°22.850' E 12°17.591';
Ziel: Forsthaus Raschwitz in Markkleeberg, GPS N 51°17.340' E 12°22.143'

12,1 km

3 Std. 40 Min.

↑↓ 214 m/208 m

⇧ 103-127 m

Im Leutzscher Holz und im Palmengarten weist eine blau-weiße Markierung den Weg. Im Connewitzer Auwald sind zudem zahlreiche einzelne Wegweiser aufgestellt.

Die Wanderung verläuft zunächst auf einem sandigen Weg und danach größtenteils auf Waldwegen und auf Wegen durch Parks mit weichen Untergründen.

Reiterklause im Reiterhof Lukas und Gaststätte Leutzscher Aue (km 2), Gaststätte Herr Kauzig (km 4,8), Gaststätte an der Pferderennbahn im Scheibenholz (km 6,8), Imbiss am Wildpark (km 10,5) und Forsthaus Raschwitz (km 12,1). Leicht abseits des Weges können Sie zudem in der Gaststätte Waldluft, im Glashaus im Clara-Zetkin-Park und in der Gaststätte im Wildpark einkehren.

Im Leutzscher Holz und im Auenwald gibt es zahlreiche Bänke und Rastplätze.

Der Weg ist für Kinder gut geeignet. Es gibt Spielplätze im Palmengarten (km 5,2), an der Rennbahn Scheibenholz (km 6,8) und im Wildpark (km 10).

Die Tour ist für die Mitnahme von Kinderwagen gut geeignet.

Die Tour ist für Hunde nur bedingt geeignet, da Sie Ihre vierbeinigen Lieblinge oft anleinen müssen.

Zum Startpunkt gelangen Sie ab dem Bahnhof Leipzig mit der Bahn. Am Zielort, dem Forsthaus Raschwitz, gibt es zwei gleichnamige Bushaltestellen. Die erste auf der Breitscheidstraße (schräg gegenüber dem Forsthaus) von wo die Linie 108 Mo-Sa ca. stündlich zum S-Bahnhof nach Markkleeberg fährt. Die zweite Haltestelle befindet sich 50 m entfernt auf der Koburger Straße. Von hier können Sie mit der Linie 106 Mo-Fr alle 30 Min. und So stündlich zum S-Bahnhof Markkleeberg fahren und mit der Linie 107 stündlich zum „Connewitzer Kreuz" fahren. Dort haben Sie Anschluss an die Straßenbahnlinien 10 und 11, die alle 15 Min. fahren.

Nach dem Verlassen des Bahnhofsgeländes folgen Sie der Hauptstraße nach rechts und biegen an der Kreuzung ein zweites Mal rechts ab. Den bergab führenden Fußweg verlassen Sie nach 200 m, um einen hier beginnenden, rechts des Fußweges verlaufenden Schotterweg zu betreten. Nur wenige Meter weiter weist Sie ein an der Straße stehendes Schild zum „Alfred-Kuntze-Sportpark", der Spielstätte des Fußballvereins BSG Chemie Leipzig.

Die BSG Chemie

Im Mai 1964 ereignete sich das wahrscheinlich größte Wunder in der Geschichte der DDR-Oberliga. Verantwortlich dafür waren die Fußballer der bis heute in Leutzsch beheimateten Betriebssportgemeinschaft Chemie. Das Wunder begann damit, dass vor dem Saisonbeginn die vermeintlich besten Spieler der Stadt zum staatlich geförderten SC Leipzig – dem späteren 1. FC. Lok Leipzig – delegiert worden waren. Die in Leutzsch Gebliebenen, die vor der Saison von der Öffentlichkeit als der „Rest von Leipzig" verspottet wurden, hatten in der Meisterschaft jedoch den ungeliebten städtischen Konkurrenten besiegt und sie spielten so erfolgreich Fußball, dass sie schließlich Meister wurden.

Jens Fuge, Leutzscher Legenden, Sachsenbuch-Verlagsgesellschaft, Leipzig, 1992

Das alte Bahnhofsgelände in Leipzig-Leutzsch

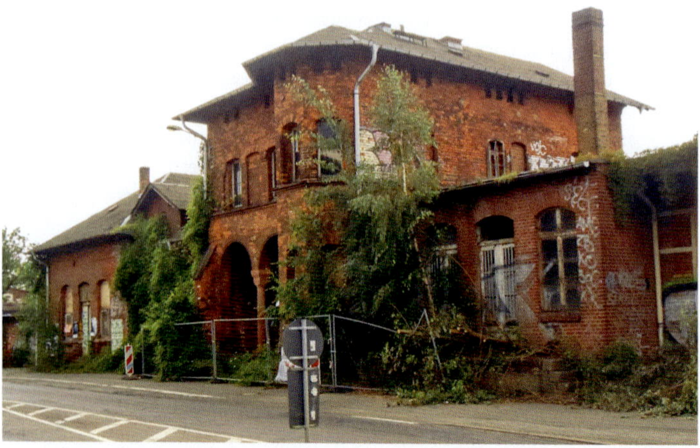

Auf dem Schotterweg gelangen Sie bis zum alten Bahnhofsgebäude. Auf Höhe der scharfen Linkskurve wenden Sie sich nach rechts. Unmittelbar vor dem Fußgängertunnel (✋ nicht betreten!) folgen Sie dem links abzweigenden und parallel zu den Gleisen verlaufenden Weg. Dieser führt Sie nach 250 m in einen weiteren Tunnel. Nach der Unterquerung der Eisenbahngleise orientieren Sie sich an der ✎ blauen Markierung und betreten nach insgesamt 2 km eine Lichtung. Hier befinden sich der ✕ Reiterhof Lukas und die ✕ Gaststätte Leutzscher Aue ❶.

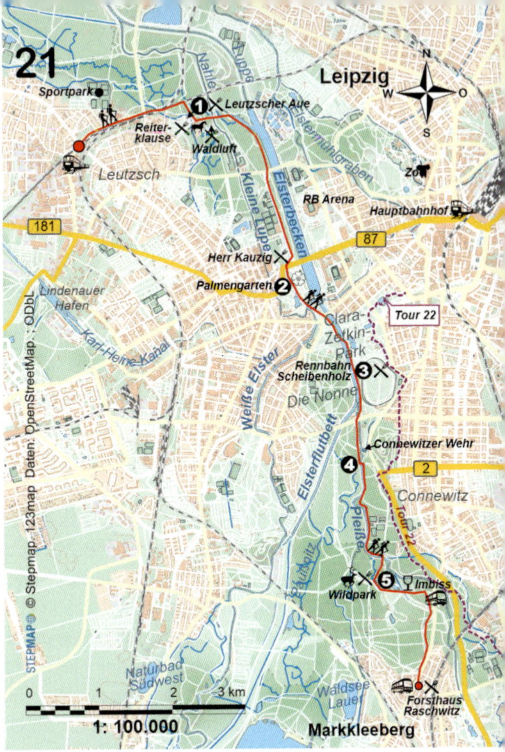

✕ Reiterklause im Reiterhof Lukas, Vierackerwiese 10, 04179 Leipzig,
☎ 03 41/442 65 95, 💻 www.reiterhof-lukas.de,
🚪 Mo-Do geschlossen, Fr 14:00-22:00, Sa, So 12:00-18:00

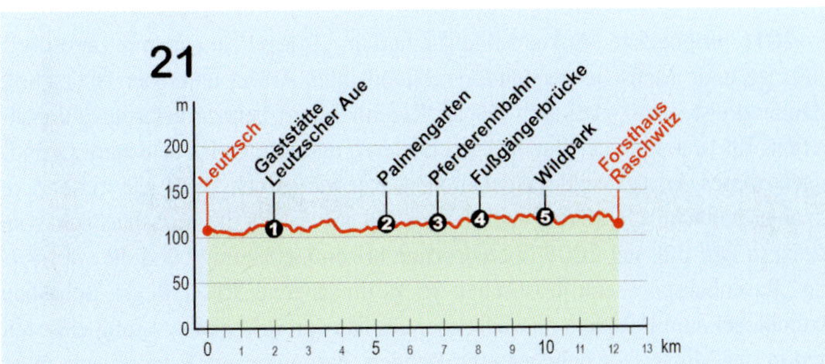

Leutzscher Aue, Vierackerwiese 9, 04179 Leipzig, ☏ 03 41/68 41 96 80
Mi-Do 16:30-20:30, Fr 16:30-21:30, Sa 12:00-21:30, So 11:30.20:30, Mo-Di Ruhetage

Die blau-weiße Markierung führt Sie nun von der Lichtung bis zur nächsten Weggabelung.

Von hier sind es nur 200 m nach rechts bis zur Gaststätte Waldluft und dem dazugehörigen Waldspielplatz.

Gaststätte Waldluft, Friesenstraße 90, 04177 Leipzig, ☏ 03 41/451 17 62,
www.waldluft-leipzig.de,
Mo, Di Ruhetag, Mi-Fr ab 14:00, Sa ab 12:00, So 12:00-17:00

An der Weggabelung halten Sie sich links und wenige Meter später rechts (hier bitte jeweils auf die blau-weiße Markierung achten!). Nach insgesamt 2,3 km überqueren Sie auf einer Brücke die Kleine Luppe. Der Weg führt danach durch den Wald, bis er nach insgesamt 2,5 km das Ufer der Nahle erreicht. Sie folgen dem Uferweg flussaufwärts und haben einen beeindruckenden Blick auf die romantische Auenlandschaft mit den Flüssen Nahle, Luppe und Weiße Elster.

Nach insgesamt 3,5 km erreichen Sie eine über das Elsterbecken führende Brücke. Sie ignorieren diese, überqueren die Straße und betreten ein gegenüberliegendes Waldstück. Nur wenige Meter später zweigt an einer Weggabelung ein Weg rechts ab. Sie folgen diesem und betreten schließlich den Cottaweg. Der Fußweg am Rand der Straße führt Sie – vorbei an der Filiale eines in Österreich beheimateten und global agierenden Marketingkonzerns – bis zur Angerbrücke.

2016 prophezeite Markus Feldenkirchen im „Spiegel" in einem in der Rubrik „Der gesunde Menschenverstand" veröffentlichten Artikel unter der Überschrift „Dummdreist siegt", dass sich der als Rasenballsport Leipzig getarnte „Fußballverein" RB Leipzig in der Bundesliga etablieren und erfolgreich sein wird. Grundlagen dieses Erfolgs sind Feldenkirchen zufolge jedoch nicht die besondere „mannschaftliche Geschlossenheit", sondern vor allem die ausschließlich vom Konzern Red Bull seit 2009 überwiesenen hohen Geldbeträge und die vom Verein „Rasenballsport" mit juristischen Tricks umgangene 50+1-Regel. Sebastian Krumbiegel zum Beispiel – ein bekennender Fan von RB Leipzig – sang einst mit den in der Messestadt beheimateten Prinzen, dass man „ein Schwein sein muss in dieser Welt und gemein sein", auch bekannte er, dass er „gern Millionär wäre". Mit RB Leipzig hat wohl nicht nur er den passenden Verein gefunden, denn weitere Erfolge werden sich, dank des stetigen Geldflusses, nicht verhindern lassen. Frei zitiert nach Goethe – der von 1765-1768 in Leipzig Jura studierte und die Stadt in Faust I in der Szene „Auerbachs Keller" literarisch verewigte – „Am Geld hängts, zum Geld drängts."

📖 Woldemar Biedermann, Goethe und Leipzig, Hansebooks, Norderstedt 2016

An der Brücke verlassen Sie zunächst das Ufer. Sie wenden sich nach rechts und laufen auf dem Fußweg neben der Jahnallee bis zum ehemaligen Revue-Theater, der heutigen Gaststätte Herr Kauzig.

✕ Herr Kauzig, Jahnallee 52, 04177 Leipzig, info@herrkauzig.de,
https://herrkauzig.de/,
Mo Ruhetag, Di-Do 17:00-22:00, Fr 15:00-22:00, Sa, So 12:00-22:00

Von der Gaststätte Herr Kauzig führt Sie ein Fußgängerüberweg zum 1899 vom Leipziger Landschaftsgärtner Otto Moßdorf angelegten Palmengarten ❷.

Im Park, in dem bis 1939 ein Tropenhaus mit exotischen Pflanzen, einem Wasserfall und einem großen Ballsaal stand, orientieren Sie sich an der blau-weißen Markierung, die Sie auf der Hauptallee zum in Sichtweite gelegenen ⌘ Wagnerhain, zum Spielplatz und an das Ufer der Teiche führt. Auf einer Brücke überqueren Sie die Weiße Elster und es folgt schließlich der Blick zum ⌘ Klinger-Haus und die Überquerung der Käthe-Kollwitz-Straße. Bevor Sie den nächsten Park betreten, lohnt sich ein Blick auf das am Rand der Straße stehende ⌘ Carl-Heine-Denkmal. Vom Denkmal führt Sie die blau-weiße Markierung an das Ufer des Elsterflutbeckens. Sie bleiben zunächst auf dem Uferweg und überqueren dann auf der Anton-Bruckner-Brücke, die im Sommer ein beliebter Treffpunkt für Studenten ist, das Wasser. Am anderen Ufer angekommen halten Sie sich rechts und gelangen nach insgesamt 6,8 km zur Pferderennbahn Scheibenholz ❸, einem Spielplatz und der ✕ Gaststätte an der Rennbahn.

✕ Gaststätte an der Rennbahn, Rennbahnweg 2A, 04107 Leipzig,
☏ 03 41/99 99 00 30, www.rennbahn-leipzig.de, Restaurant: Mi-So und Feiertage 11:00-23:00, Biergarten (ab Mai): Mo-Fr ab 15:00, Sa, So und Feiertage ab 11:00

☺ ↳ Das hinter der Brücke liegende Areal ist Teil des Clara-Zetkin-Parks. Die in den 50er-Jahren angelegten, nur 300 m von hier entfernten Rondelle und Blumenbeete und das ✗ Glashaus sind sehenswert.

✗ Glashaus im Clara-Zetkin-Park, Karl-Tauchnitz-Straße 26, 04107 Leipzig.
☏ 03 41/14 99 00 04, 💻 www.glashaus-leipzig.de,
🚪 Mo-Sa 9:00-21:00, So 9:00-21:00

☺ Nur 200 m vom Glashaus in nördlicher Richtung entfernt steht der 1912 erbaute Musikpavillon. Hier geben seit dem frühen 20. Jh. stadtbekannte Musiker, wie zum Beispiel Gustav Kurth, Günther Koblenz und Arthur Nikisch, öffentliche Konzerte.

✗ Musikpavillon Clara-Zetkin-Park, Anton-Bruckner-Allee 11, 04107 Leipzig,
🚪 Mo-Fr 10:00-21:00, Sa-So 9:00-21:00

Clara Zetkin und der Clara-Zetkin-Park

Die 1857 im sächsischen Wiederau geborene Sozialistin und Frauenrechtlerin zog 1872 mit ihren Eltern nach Leipzig. Zetkin lebte bis 1882 in der Stadt, bis Sie dann zunächst nach Zürich und später nach Paris emigrierte. Nachdem sie 1890 nach Deutschland (Stuttgart) zurückgekehrt war, engagierte sie sich in der Arbeiterbewegung. In der 1919 gegründeten KPD hatte sie, die u. a. mit Rosa Luxemburg und mit Lenin eng befreundet war, einen führenden Einfluss. Clara Zetkin, die Schriften zur Gleichberechtigung der Frauen und zum Charakter des Sozialismus veröffentlichte und die 1932 im Reichstag als Alterspräsidentin in einer Rede leidenschaftlich vor dem Faschismus warnte, starb 1933 im Moskauer Exil. Das 1955 in Leipzig nach ihr benannte Areal umfasste bis 2011 den Johannapark, den Palmengarten, den Wagnerhain, den Volkspark Scheibenholz und den Albertpark, heute jedoch nur noch den Albertpark und den Volkspark Scheibenholz.

Der Wanderweg führt Sie von der Rennbahn unmittelbar am Ufer des Elsterflutbeckens entlang bis zum Schleußiger Weg. Sie ✋ überqueren die Straße auf dem Fußgängerüberweg und folgen ab hier dem Wegweiser mit der Aufschrift „Forsthaus Raschwitz". Nach insgesamt 7,8 km erreichen Sie das Connewitzer Wehr mit Blick zum Fockeberg.

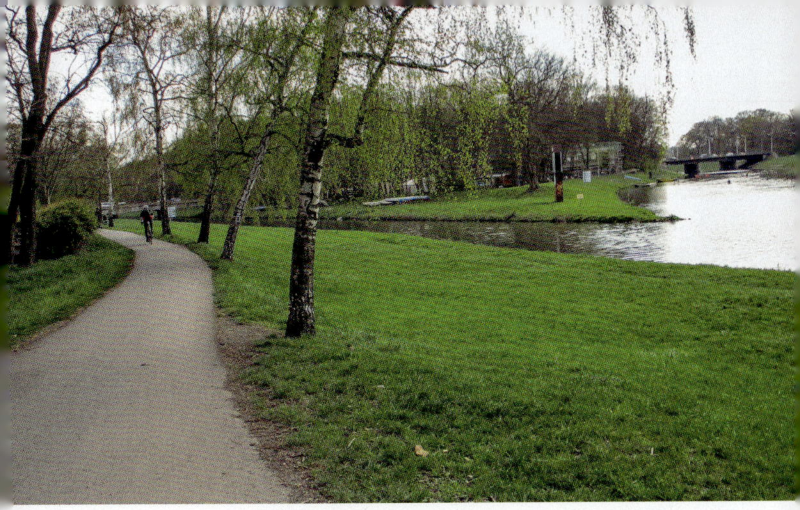

Die Mündung der Pleiße in das Elsterflutbett

Nur 200 m nach dem Wehr überqueren Sie auf einer Fußgängerbrücke die Pleiße ❹ und biegen unmittelbar danach auf den rechts abzweigenden Uferweg. Die folgenden 2 km sind die schönsten der Wanderung. Sie laufen am Ufer der Pleiße durch den Auenwald und werden, wenn Sie Glück haben, von Graureihern und von im Fluss schwimmenden Bibern und Enten begleitet. Nach insgesamt 9,5 km erreichen Sie eine über die Pleiße führende Fußgängerbrücke.

Nach der Flussüberquerung haben Sie zwei Möglichkeiten.

↳ Der schmale, links vom Hauptweg (Neue Linie) abzweigende Weg führt Sie direkt zur ✕ Gaststätte im Wildpark und von dort zum großen Parkteich und danach zum Streichelzoo und dem ✕ Imbiss am Wildpark.

✕ Gaststätte im Wildpark, Koburger Straße 12, 04227 Leipzig, ☏ 03 41/391 33 34, Do-Fr 11:30-18:00, Sa 11:30-20:00, So 11:30-19:00, Mo-Mi Ruhetage

Der Hauptweg führt Sie – vorbei am Wildschweingehege – bis zu einer großen Wegkreuzung. Hier stehen eine Informationstafel zum Wildpark ❺ und mehrere Wegweiser.

Sie folgen dem links abzweigenden und asphaltierten Fußweg und gelangen zum links des Weges liegenden ✕ Imbiss bzw. zum rechts des Weges liegenden Naturspielplatz.

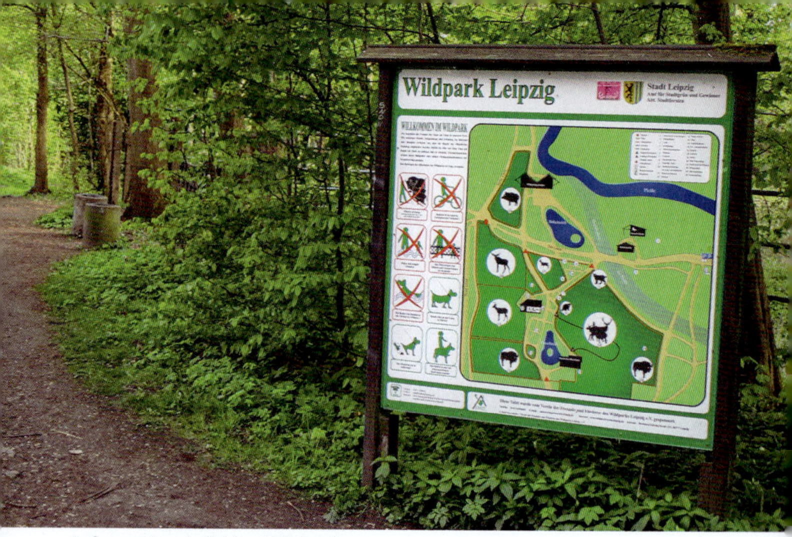

Informationstafel im Wildpark

✕ Imbiss am Wildpark, Koburger Straße 12, 04227 Leipzig, 01 77/838 89 91,
April-Oktober Di-Do, Sa, So 11:00-18:00

Der Weg führt Sie weiter bis zum Ausgang des Wildparks.

☺ Sie können die Tour auch hier beenden. Am Ausgang befindet sich die Haltestelle der Buslinie 70, die Sie halbstündig entweder zum S-Bahnhof Connewitz oder zum S-Bahnhof Markkleeberg bringt.

Sie halten sich am hölzernen „Pilz" rechts und folgen den zum „Forsthaus Raschwitz" zeigenden Wegweisern. Der Weg führt Sie parallel zur Straße durch den Auenwald und schließlich bis zum ✕ Forsthaus Raschwitz, dem Ziel dieser Wanderung.

✕ Forsthaus Raschwitz, Koburger Straße 33, 04416 Markkleeberg,
☏ 03 41/358 84 15,
Mo 17:00-22:00, Mi-Fr 17:00-22:00, Sa und So 12:00-22:00, Di Ruhetag

In unmittelbarer Nähe zum Forsthaus befinden sich die Haltestellen der Buslinien 70 und 108.

22 Von Dölitz bis zum Johannapark

Tour für Familien

Auf dieser Wanderung nähern Sie sich von Süden dem Stadtzentrum. Nur wenige Meter nach dem Start blicken Sie auf die älteste erhaltene Leipziger Wassermühle und betreten danach den südlichen Teil des Auenwaldes. An den Ufern des Mühlgrabens und der Pleiße und im Schatten mächtiger Laubbäume wandern Sie bis zum Fockeberg und von dort bis zum im Stadtzentrum gelegenen Johannapark.

→ Start: Straßenbahnhaltestelle „Leinestraße" in Dölitz, GPS N 51°17.212' E 12°23.563'; Ziel: östliche Grenze des im Stadtzentrum gelegenen Johannaparks, GPS N 51°20.139' E 12°22.017'

7,9 km

1 Std. 55 Min.

↑↓ 139 m/146 m

⇧ 106-128 m

Von Dölitz bis zum Clara-Zetkin-Park gibt es keine Markierungen. Im Clara-Zetkin-Park folgen Sie bitte den zum Johannapark führenden Wegweisern.

Diese Wanderung verläuft am Anfang auf Fußwegen am Rand von Nebenstraßen und danach ausschließlich auf durch Wälder und durch Parks führende Wege mit weichem Untergrund.

Im Clara-Zetkin-Park stehen mit dem Glashaus (km 6,6) und mit dem Musikpavillon (km 6,8) zwei empfehlenswerte und gut besuchte Gaststätten.

Entlang der gesamten Strecke stehen zahlreiche Bänke.

Ihren Kindern wird diese Tour gefallen. Es gibt Spielplätze im Connewitzer Holz (km 3,5), am Fockeberg (km 4,7), im Clara-Zetkin-Park (km 6,4) und im Johannapark (km 7,3).

Die Tour ist für die Mitnahme eines Kinderwagens hervorragend geeignet.

Hunde können mitgenommen werden, allerdings besteht in den Stadtparks Leinenzwang.

P Sowohl am Start in Dölitz als auch am Ziel im Johannapark gibt es Parkmöglichkeiten.

Zum Startpunkt gelangen Sie mit der Straßenbahnlinie 11 alle 20 Min., der Johannapark am Ziel liegt im Stadtzentrum, in der Nähe befinden sich die Haltestelle „Neues Rathaus", von wo Sie mit den Straßenbahnlinien 2, 8, 9 und 14 alle 20 Min. zum Hauptbahnhof fahren können.

Die Straßenbahnhaltestelle „Leinestraße" verlassen Sie in Richtung Stadtzentrum, d. h. in Richtung Norden. Auf einem Fußweg laufen Sie bis zur Helenenstraße. Hier folgen Sie dem Wegweiser, der Sie nach links in den ehemaligen Dölitzer Ortskern führt. Sie laufen vorbei am Haus Helene bis zu einer Kreuzung mit einem hier aufgestellten Obelisken. Hier wenden Sie sich nach rechts und blicken nach 500 m auf die ⌘ Dölitzer Wassermühle ❶.

Die Dölitzer Wassermühle

Die 1540 urkundlich erstmals erwähnte und letzte erhaltene Leipziger Wassermühle besitzt eine abenteuerliche und wechselvolle Geschichte. Ihre Lage am Wasser verdankt sie flämischen Siedlern, die im 13. Jh. nach der Rodung des Auenwaldes den Mühlengraben neu verlegten. Die Mühle, die früher zum Rittergut und zum Wasserschloss gehörte, war bis 1927 im Besitz der Adelsfamilie von Winckler. 1813 brannte sie während der Völkerschlacht nach einem Kanonenschuss fast vollständig ab, feierte aber bereits ein Jahr später ihre wundersame Auferstehung. Um den Erhalt der Mühle, die auch die Zeit des real existierenden Sozialismus überstand, sorgt sich seit 1992 ein ökologisch orientierter gemeinnütziger Verein.

⌘ Dölitzer Wassermühle, Grün-Alternatives Zentrum Leipzig e. V., Vollhardtstraße 16, 04279 Leipzig, ☏ 03 41/338 93 52, 💻 www.doelitzer-wassermuehle.de, 🚪 Mühlenhof täglich 9:00-8:00 geöffnet

Nach der Besichtigung der Mühle und des Mühlenhofes folgen Sie dem entlang der Straße verlaufenden Weg, der Sie zum Goethesteig führt. Hier schwenken Sie kurz nach links und überqueren auf einem Fußweg den Mühlgraben. Nur wenige Meter danach (✋ keine Markierung!) zweigt ein Pfad rechts von der Straße ab. Sie folgen diesem Pfad, der Sie am Ufer des Grabens entlang durch das Unterholz führt und dann nach insgesamt 1,3 km endet. Es folgt ein kleiner Asphaltweg. Diesem folgen Sie zunächst nach links, bis Sie unmittelbar in Höhe eines Umspannwerkes nach rechts abzweigen.

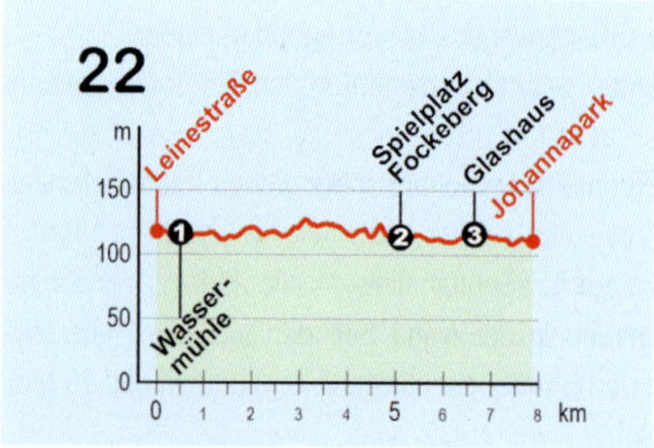

Sie unterqueren die Eisenbahngleise und betreten bei km 1,7 das Connewitzer Holz. Der Weg (keine Markierung!), der zwischen Laubbäumen und im Frühling wachsendem Bärlauch verläuft, führt Sie nach insgesamt 2,2 km zu einer Wegkreuzung. Hier wenden Sie sich nach links und unterqueren nur wenige Meter später in einem Fußgängertunnel eine Straße. Unmittelbar nach der Straßenunterquerung blicken Sie auf ein am Ufer der Pleiße stehendes Gebäude eines Bootsverleihs und auf den zum Stadtzentrum zeigenden Wegweiser. Sie schwenken nach rechts und erreichen nach ca. 200 m einen zweiten

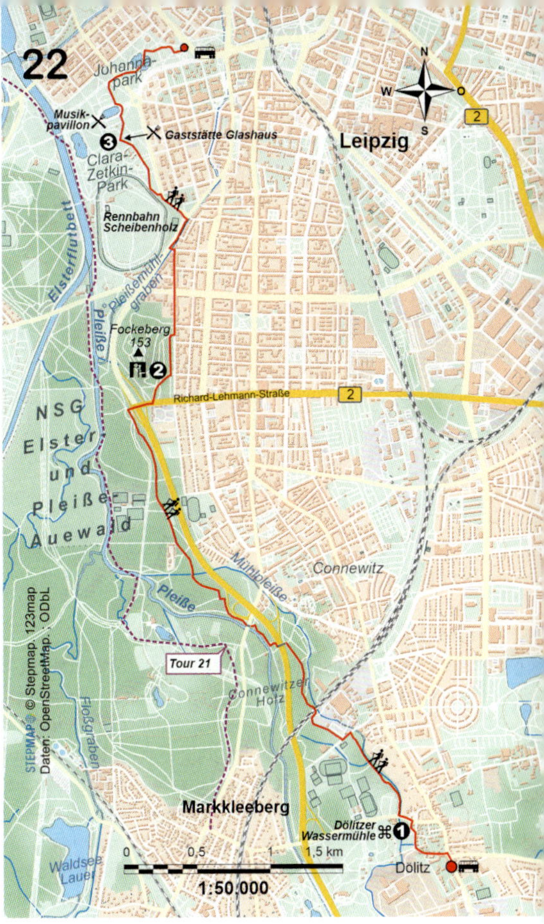

Fußgängertunnel. Sie durchqueren auch diesen und halten sich danach erneut rechts. Der Weg, der mehrere Kilometer unmittelbar unterhalb der Bundesstraße verläuft, führt stets stadteinwärts. Sie passieren einen Waldspielplatz und nach insgesamt 4,3 km endet der Weg mit dem Erreichen der Richard-Lehmann-Straße. An der Wegkreuzung hier wenden Sie sich nach rechts. Sie folgen dem links am Rand der Straße angelegten Fußweg, durchqueren den links von der Straße gelegenen Wald und gelangen nach insgesamt 4,7 km zu dem von Michael Fischer-Art gestalteten Spielplatz am Fockeberg ❷.

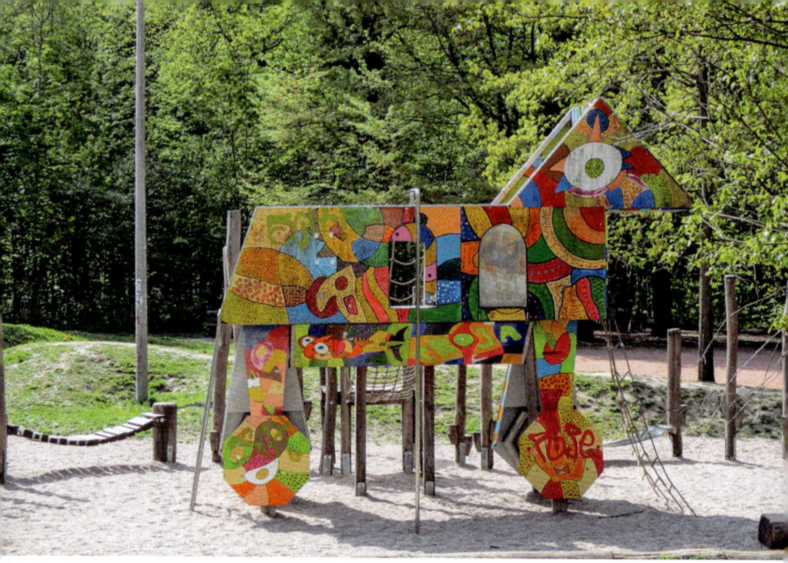

Spielplatz am Fockeberg

Paul Fröhlich und der Fockeberg

Der 153 m hohe Fockeberg war früher eine Deponie. Nach dem Ende des Zweiten Weltkrieges wurde der Trümmerschutt der Leipziger Südvorstadt zunächst auf die eigens dafür errichtete Trümmerbahn geladen und bis nach Dölitz transportiert. Nachdem diese Deponie jedoch voll war, wurde auf dem Gelände einer ehemaligen Bauernwiese, dem heutigen Fockeberg, eine neue angelegt. Wenige Jahre nach der friedlichen Revolution von 1989 kultivierten mehrere Leipziger Kunstschaffende den Berg und gestalteten ihn zu einem Ausflugsziel um. Der Fockeberg war und ist zudem Heimstatt für zahlreiche spektakuläre Wettkämpfe, wie z. B. die Fockebergläufe und die internationalen Seifenkistenrennen. Moderiert wurden diese – ebenso wie der NATO-Fußballcup und das Neujahrssingen der bekanntesten Leipziger Gastwirte – jahrelang vom Entertainer Paul Fröhlich. Fröhlich, der das Einmalige und das Besondere liebte, starb 2009 bei einem Autounfall. Eine am Fuß des Fockeberges von Freundinnen und Freunden gestiftete und hier aufgestellte Badewanne erinnert an den viel zu früh verstorbenen Genius und Spaßmacher.

☺ Die Besteigung des Bergs lohnt sich, denn der Gipfel bietet einen besonderen Blick auf die Stadt.